AF534370

ALAN & GILL BRIDGEWATER

PROJEKTE MIT ZIEGELSTEINEN

16 TOLLE IDEEN FÜR IHREN GARTEN UND TERRASSE

HEEL

ALAN & GILL BRIDGEWATER

PROJEKTE MIT ZIEGELSTEINEN

16 TOLLE IDEEN FÜR IHREN GARTEN UND TERRASSE

HEEL

HEEL Verlag GmbH
Gut Pottscheidt
53639 Königswinter
Tel.: 02223 9230-0
Fax: 02223 9230-13
E-Mail: info@heel-verlag.de
www.heel-verlag.de

Originaltitel: Brickwork Projects for Patio & Garden: Designs, Instructions and 16 Easy-to-Build Projects
ISBN der Originalausgabe: 978-1-58011-793-7
Designer: Kate Lanphier
Illustrators: Gill Bridgewater and Coral Mula
Project Design: Alan and Gill Bridgewater
Brickwork: Alan Bridgewater

Fotos: AG&G Books and Ian Parsons
Mit Ausnahme von:
Shutterstock photos: Artazum (S. 16), Baptist (S. 39 u. r.), bogdanhoda (S. 21), cobalt88 (Handy: S. 7), Ozgur Coskun (S. 31), Dream2551 (S. 39 o.), eightstock (Gummihandschuhe: S. 7), Scott E. Feuer (S. 17), Gavran333 (Schutzbrille: S. 7), Vladimir Gjorgiev (S. 24 o.), John GK (S. 55), Ispace (Staubschutzmaske: S. 7), jiangdi (S. 100 u. l.), Kjpargeter (motorbetriebene Rüttelplatte: S. 22), Jill Lang (S. 11), Alexander Lobanov (Betonmischer: S. 23), Maxx-Studio (Verbandskasten: S. 7), Zima Nadezhda (S. 49), Pagina (S. 108), prapann (Sperrholz: S. 23), PriceM (Arbeitsstiefel: S. 7), randy andy (S. 9, 51), Peter Turner Photography (S. 13 u.)

Deutsche Ausgabe:
Übersetzung aus dem Englischen: Claudia Buchholtz, Rackwitz
Satz: Huwer-Design, Hürth
Coverdesign: Axel Mertens, Königswinter
Lektorat: Helge Wittkopp

Printed in Czech Republic
ISBN: 978-3-96664-354-2

Folgen Sie gerne auch dem Heel Verlag unter:

 www.instagram.com/heelverlag

 www.facebook.com/heelverlag

 www.youtube.com/heelverlag

 @heelverlag

INHALT

VORWORT

Zu unserem ersten Haus, auf einem abgeschiedenen Gehöft aus viktorianischer Zeit gelegen, gehörten zahlreiche Nebengelasse aus rotem Ziegelmauerwerk – alle mehr oder weniger baufällig. Im Gegensatz zu den Gebäuden waren die Backsteine jedoch in hervorragendem Zustand, die Kanten intakt und der Kalkmörtel so weich, dass er sich relativ gut abkratzen ließ. Also entschlossen wir uns, beim Abriss die Ziegel nicht zu entsorgen, sondern für die Renovierung und Erweiterung des Haupthauses aufzuheben. Ein pensionierter Maurermeister aus dem Dorf war bereit, uns mit Rat und Tat zur Seite zu stehen.

Die folgenden zehn Jahre werkelten wir unablässig am Haus; Gill kratzte den Mörtel von den Steinen, selbst unsere beiden kleinen Söhne waren mit Eifer bei der Sache. Klar, die Arbeit war schwer und wir machten viele Fehler, aber der Reiz, etwas Besonderes zu schaffen, spornte uns an. Mauern und Bögen, Säulen und Pfosten, Hochbeete, Wege, Schuppen und sogar einen Brunnen – all das bauten wir und hatten riesigen Spaß dabei!

Mit diesem Buch möchten wir die Freude teilen, die dem Gestalten von Gartenelementen mit Ziegelsteinen innewohnt. Projekt für Projekt zeigen wir Ihnen anhand von Illustrationen und Fotos die einzelnen Schritte, aber auch, wo und wie Sie bestimmte Gestaltungsideen entsprechend Ihrer eigenen Wünsche und Gegebenheiten abwandeln können. Wir erklären den Umgang mit Werkzeugen und Materialien sowie die wichtigsten Techniken und Methoden. Vom ersten Entwurf bis zum fertigen Objekt nehmen wir Sie an die Hand – nur Mut also und keine Scheu – ran an die Steine!

Das Bauen mit Ziegelsteinen erfordert weder kompliziertes Werkzeug noch Spezialkenntnisse: Hier geht es darum, mit den eigenen Händen etwas im Garten zu schaffen und sich daran zu erfreuen, wie durch das Zusammenspiel von Körper und Geist, Muskelkraft und kreativen Ideen Ausgefallenes entsteht – dem Garten, dem Hof und der Terrasse zur Zier.

Gutes Gelingen!

Alan & Gill

Hinweis: Die alten Steine, die wir vorfanden, hatten alle das britische Metric-Brick-Format, das im deutschsprachigen Raum jedoch kaum zu bekommen sein wird. Diesem sehr nahe kommt das Waaldickformat, ein ursprünglich aus Holland stammendes, aber auch in Deutschland gern verwendetes Klinkerformat, daher wurde es den Angaben im Buch bei der deutschen Ausgabe zugrunde gelegt. Letztlich ist es jedoch egal, welches Ziegelformat Sie verwenden – Sie müssen nur bedenken, dass sich die äußeren Abmessungen der Objekte, ihrer Fundamente, aber auch die Maße von Hilfskonstruktionen (Schalungen, Stangenzirkeln, Holzrahmen etc.) ändern, sobald der einzelne Stein länger, flacher oder breiter ist, oder dass für ein und dieselbe Fläche je nach Format mehr oder weniger Steine benötigt werden als angegeben. Auch ist zu bedenken, dass es je nach eigener Fähigkeit mehr oder weniger Bruch geben kann und man deshalb immer zu den Angaben etwas zuschlagen sollte.

SICHERHEIT GEHT VOR

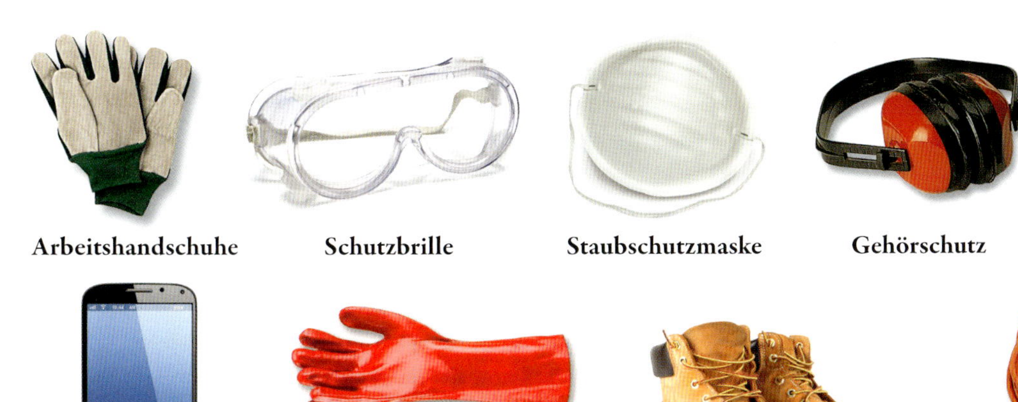

Arbeitshandschuhe **Schutzbrille** **Staubschutzmaske** **Gehörschutz** **Verbandskasten**

Handy (für Notfälle)

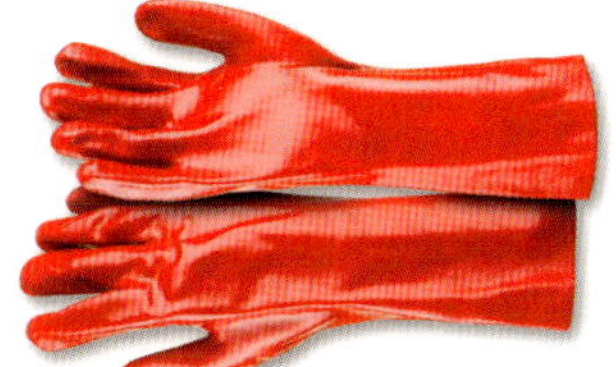

Gummihandschuhe

Arbeitsstiefel

Verlängerungskabel mit integriertem Personenschutzschalter (ortsveränderliche Fehlerstrom-Schutzeinrichtung mit geschaltetem Schutzleiter)

- Ein paar der Projekte erfordern körperliche Fitness. Wenn Sie nicht sicher sind, was Sie sich zutrauen können, fragen Sie Ihren Arzt. Schwere Lasten beim Tragen und Heben dicht am Körper halten und aus gebeugten Knien heraus anheben, nie mit gebeugtem Rücken.
- Wer sich müde fühlt, sollte weder eine Maschine betreiben noch schwere Lasten heben oder schwierige Handgriffe ausführen.
- Beim Umgang mit Werkzeugen und Materialien immer die Hinweise des Herstellers beachten.
- Für den Notfall Erste-Hilfe-Kasten und Telefon griffbereit halten und möglichst nicht alleine arbeiten.
- Teiche und Wasserbecken stellen für kleine Kinder eine Gefahr dar. Weniger gefährlich sind Wasserspiele oder -speier. Doch auch hier Kinder nie unbeaufsichtigt lassen.
- Zur Vermeidung von Stromschlägen beim Betrieb von Elektrowerkzeugen und Wasserpumpen immer eine Personenschutzeinrichtung zwischen Steckdose und Gerätestecker zwischenschalten.
- Maurerarbeit – Löcher graben, Material für den Unterbau zertrümmern, mit Ziegelsteinen hantieren – geht ordentlich über die Hände. Daher feste Schutzhandschuhe aus Leder tragen und diese nur für Feinarbeiten ablegen.
- Zement kann auf der Haut schwere Verätzungen hervorrufen. Beim Mischen von Beton und Mörtel sind wasserdichte, dicke Gummihandschuhe unerlässlich.
- Zum Schutz der Füße schwere Arbeitsstiefel tragen, vorzugsweise mit Stahlkappen.
- Die Augen vor scharfen Spänen und Staub schützen. Schutzbrille tragen beim Zertrümmern von Unterbaumaterial sowie beim Zuschneiden und Behauen von Steinen, Ziegeln und Beton. Staubschutzmaske tragen beim Anrühren von Zementpulver.
- Beim Umgang mit Winkelschleifer & Co. schwere Arbeitsstiefel, Schutzhandschuhe, Schutzbrille, Staubschutzmaske und Gehörschutz tragen.
- Beim Einsatz besonders lauter Arbeitsmaschinen grundsätzlich Gehörschutz tragen.

LASSEN SIE SICH INSPIRIEREN!

Ziegelsteine sind einfach zu handhaben und das Bauen macht mehr Spaß als Mühe. Eine Terrasse oder ein dekoratives Gartenelement aus Backstein wirkt stabil und imposant und was die kreative Gestaltung angeht, gibt es kaum ein vielseitigeres Material. Darüber hinaus erwecken Ziegel den Anschein, mit der Natur zu verschmelzen.

Backsteinen wohnt eine besondere Schönheit inne – rustikal, natürlich, haptisch angenehm. Zudem ist das Farbspektrum riesig, es reicht von Schieferblau und Schwarz über eine ganze Palette voller Rot-, Orange-, Gelb- und Umbratöne bis hin zu Cremeweiß. Und das alles in Kombination mit den verschiedenen Verlegemustern – wenn da nicht jedes gemauerte Objekt zum Hingucker wird!

Drei einfache Tricks tragen zur optischen Aufwertung bei: 1) Ziegelsteine in Mustern anordnen, 2) Ziegel unterschiedlicher Farben untereinander und 3) mit Holz, Naturstein, Fliesen oder Terrakotta kombinieren.

Mit traditionellen Mustern wie Fischgrät, Schachbrett oder Rauten lassen sich auf einfache Weise ansprechende visuelle Effekte erzielen (siehe S. 48–49). Oder, indem je nach gewünschtem Effekt die Ober- oder Unterseite, die Stirn- bzw. Kopfseite oder die Längs- bzw. Läuferseite (siehe S. 27) nach außen zeigt und somit als Schauseite dient. Auch das Zuschneiden, Halbieren oder Abschrägen der Steine ist möglich.

Vor allem mit Naturstein, Terrakotta und Holz gehen Ziegel eine optische Symbiose ein, die besonders natürlich wirkt. Die wohlbedachte Einbindung dieser Materialien ergänzt die robuste Erdigkeit des Backsteins.

Links: Eine Oase in der Stadt. Der Innenhof im Block- bzw. Parkettverband zu je zwei Steinen – man könnte es auch als Schachbrettmuster bezeichnen – wirkt robust und gefällig zugleich, greift das Ziegelmauerwerk der umliegenden Gebäude wieder auf und setzt sich durch die erhöhten Randsteine deutlich von den Pflanzen auf der Rabatte ab.

Oben: Alles an dieser rustikalen, wenn auch streng formalen Treppe strahlt Harmonie und Symmetrie aus, von der Anordnung der Blumentöpfe bis zum reizvollen Kontrast zwischen abgenutzten rötlichen Ziegeln und grünem Moos, das die Steine zu überwuchern droht. Die breiten Stufen, verlegt im Läuferverband, führen graziös zum Eingang eines stattlichen Hauses empor. Der breite Treppenabsatz könnte auch gut als Terrasse dienen.

Unten: Die große Backsteinterrasse umschließt eine niedrige Zwerghecke (nicht im Bild) und wirkt eher wie ein sehr breiter Weg. Sie passt sich dem abschüssigen Gelände an: Der äußere Rand ist erhöht und der innere schließt bündig mit der Grasnarbe unter der Hecke ab.

Rechts: Diese massive, aufwendig ausgeführte Treppe führt von einem Pfad auf einen ebenfalls mit Backsteinen belegten Hof. Das Design wirkt leicht und mühelos, wurde in Wirklichkeit aber mit größter Sorgfalt geplant und ausgeführt, zumal die Stufen auch noch einem subtilen Bogen folgen.

Oben: Mehrere einzelne Objekte – Weg, Pfeiler, Mauer, Beeteinfassung – fügen sich zu einem imposanten Ganzen zusammen, das wie aus einem Guss wirkt. Der Weg führt aus der Pforte, wendet sich und folgt der Mauer, das geometrisch-formale Beet zwischen Weg und Mauer, eingefasst durch Backsteine, die auf der Stirn- bzw. Kopfseite stehend eingelassenen wurden, lockert die Anlage auf. Der Unterbau muss sicher einiges an Gewicht tragen, aber die Ziegel, die an den Ecken der Pfeiler hervorstehen, verleihen der massigen Anlage wiederum etwas Filigranes, ebenso wie die Blüten, die durch die Lücken in der durchbrochenen Wand lugen.

Links: Eine traditionelle englische Gartenmauer in Sussex, die Ziegel sind im Binderverband verlegt, allerdings diagonal ausgeführt – die Reihen verlaufen also schräg zum Boden.

Oben: Zwei niedrige Stufen in einem ländlichen Garten, deren geschwungene Form das Auge über die Terrasse hinweg zu den Stufen und dem Rasen im Hintergrund lenkt. Die Verlegung der Backsteine – gerahmtes Fischgrätmuster auf den Stufen sowie zwischen Gehwegplatten eingelassene Kreuzornamente – war sicher nicht ganz einfach.

Rechts: Der heimelige Reiz dieser Terrasse liegt im Kontrast zwischen den Quadraten des Blockverbands und der kugeligen Bepflanzung. Deren bunte Vielfalt und die sich überlagernden Ziegelsteinmuster unterstreichen die Komplexität der Anlage, die dennoch etwas Sanftes und Harmonisches ausstrahlt, auch dank der rustikalen Holzbank und der hellen Wand.

Links: Der vollkommen runde, gemauerte Gartenteich mit seiner erhöhten Einfassung erforderte viele Ziegelsteine und war nicht einfach zu bauen, ist jedoch Herzstück und Sahnehäubchen dieses formalen Gartens. Ziegellängs- bzw. Läuferseiten, abgerundet und geadelt durch die dem Alter der Steine geschuldete Patina, bilden den Beckenrand. Er lädt ein, Platz zu nehmen und über die malerische Schönheit der Szenerie nachzusinnen.

Teil 1: Grundlagen, Techniken und Methoden

ENTWURF UND PLANUNG

Die Kunst, Ziegel zu verlegen oder zu vermauern beruht auf dem Zusammenspiel von Geist, Hand und Auge: Hier kommt es auf Planung, Rhythmus, Wiederholung und den richtigen Zeitpunkt an. Der Schlüssel liegt im Zusammenführen der Komponenten mit einem Minimum an Ver-, Ab- und Nachmessen und so wenig Zuschneiden wie möglich. Falls sich ein Schnitt nicht vermeiden lässt, muss er gleich beim ersten Mal gelingen. Und wenn man die Steine so verwenden kann, wie man sie vorfindet – neu, zweite Wahl, aus der Wiederverwertung oder als Reste von einem anderen Projekt – umso besser.

ERSTE ÜBERLEGUNGEN

- Was wollen Sie erreichen? Schreiben Sie auf, was Ihnen wichtig ist und holen Sie sich Ideen in Magazinen, Büchern und Gärten anderer. Möglichkeiten sind abzuwägen und unsere Projektvorschläge gegebenenfalls zu verändern.
- Ziegelsteine gibt es in vielen Farben und Oberflächenstrukturen. Was gefällt Ihnen? Was ist lieferbar?
- Damit ein Objekt auch bei Ihnen passt, müssen Größe, Form und Proportionen womöglich angepasst werden. Was sähe bei Ihnen besser aus, eine an sich größere, dafür aber niedrige, lange und schmale Konstruktion? Oder besser eine quadratische anstelle einer runden? Aus dem Format der Ziegelsteine ergeben sich die Gesamtabmessungen eines Projekts. Verwenden Sie so weit wie möglich ganze Steine (zum Zuschneiden siehe S. 40–41).
- Lage und Ausrichtung bedenken. Die geplante Position mit Pfählen, Brettern oder Folie andeuten. Mögliche Probleme erkennen: Wird eine liebgewordene Wegführung im Garten blockiert? Die Aussicht behindert? Schatten geworfen?
- Für Brunnen, Wasserspiele & Co. benötigt man immer einen Stromanschluss für die Pumpe. Um ein Stromkabel zu verlegen, muss ein Graben gezogen werden. Wie lang muss er sein? Und ist dies überhaupt möglich?
- Manches am Projekt ist Ihnen noch nicht ganz klar? Machen Sie Skizzen, suchen Sie die Lösung auf Papier oder bilden Sie zur Probe das Projekt mit richtigen Materialien (aber ohne Mörtel) nach.
- Kosten und Zeitaufwand im Voraus hochrechnen – werden Sie das Projekt wirklich stemmen können?

Standortwahl: Wo im Garten bzw. auf dem Grundstück soll das Bauwerk stehen? Dabei Ausrichtung, Sonneneinfall, Schattenwurf sowie Nähe zum Haus berücksichtigen!

Ein geeignetes Projekt auswählen

Manchmal lässt man sich hinreißen und baut etwas, was den Raum zu stark dominiert oder einfach nur fehl am Platz wirkt, weil der Maßstab nicht stimmt oder der Stil nicht passt. Daher ist im Vorfeld immer eine Bestandsaufnahme von Garten oder Hof zu machen: Wo könnte man ansetzen? Welche Ecke verdient eine Überarbeitung? Soll etwas bereits Bestehendes verändert, überarbeitet oder verschönert werden?

Ist das Gelände eine Brache oder völlig leer, dann immer zuerst die komplette Gartenanlage entwerfen. Eventuell geplante Backsteinstrukturen müssen natürlich ins Gesamtkonzept passen.

Derartige Gebilde sind keine reinen Zweckbauten, sie sollen dekorativ sein, schmückendes Beiwerk, Ansprache für die Sinne. Stil und äußeres Erscheinungsbild sind bewusst so zu wählen, dass ein Projekt in den jeweiligen Garten passt. So mag ein einfacher, wohlproportionierter Pflanzkasten aus Klinkern zu einer modernen Gartenkonzeption passen, in einem viktorianischen Garten aber darf es ruhig etwas verspielter und detailverliebter zugehen.

Aus Sicherheitsgründen sollte, wenn kleine Kinder im Haus sind, von Teichen und größeren oder tiefen Wasserbecken Abstand genommen werden.

Das Projekt planen

Der erste Planungsschritt (und einer der wichtigsten) ist die Entscheidung über Größe und Standort der Konstruktion. Soll beispielsweise eine Terrasse hinterm Haus angelegt werden, sind die endgültige Höhe, das Gefälle (damit Regenwasser vom Haus weg in den Garten läuft) und die genauen Maße festzulegen.

Bei den Projekten hier im Buch haben wir Ihnen eine ganze Menge Planungsarbeit abgenommen, dennoch geht nicht immer alles überall. Beachten Sie also bitte alle Hinweise, die nahelegen, dass ein Entwurf anzupassen ist, oder die auf bestimmte Techniken und Methoden verweisen. Schauen Sie sich die Stelle gut an und zeichnen Sie einfache, maßstabsgetreue Skizzen auf Millimeterpapier, aus denen hervorgeht, wie Fundament und Projekt aufgebaut sind. Manche Projekte sind nicht ganz einfach zu planen: Stufen zum Beispiel – hier sind bestimmte Maße einzuhalten, damit sie nicht zur Stolperfalle werden. Oder Mauern – zu hoch oder lang konzipiert müssen zusätzliche Stützen integriert werden, ansonsten neigen sie sich oder stürzen ein (siehe S. 50).

Jedes Bauwerk braucht ein Fundament: eine stabile, ebene (oder im Fall einer Terrasse mit einem Gefälle versehene), dem Bauwerk angemessene Basis, auf der es errichtet wird, denn ohne ordentlichen Unterbau stürzt alles zusammen. Zeichnen Sie eine Skizze, die Ausmaß und Tiefe des Fundaments ausweist. Soll zum Beispiel eine Terrasse plan mit der angrenzenden Wiese abschließen, ist die Dicke der Steine, die zum Pflastern verwendet werden, mit einzukalkulieren.

Planung: alles von der Projektidee über Ortsbegehung, Skizzenerstellung und Bauzeichnung bis hin zu Kalkulation von Materialmengen und Kosten – gute Planung ist wichtig und beugt Zeitverzug und Materialverschwendung vor

Probeaufbau und „Trockentraining“: Steine trocken (ohne Mörtel) auslegen, um auszuprobieren, ob der Fugenversatz passt, das Verlegemuster funktioniert und wirklich alles so wirkt, wie man sich das vorstellt

Das richtige Werkzeug und Material kaufen

Sobald die Projektplanung im Detail vorliegt, lässt sich abschätzen, was man zum Bau benötigt. Manchmal muss man bei Werkzeug und Material Kompromisse eingehen, damit das Ganze erschwinglich wird. In so einem Fall ist für die Arbeit mit einfachen Handwerkzeugen mehr Zeit einzuplanen. Minderwertiges Material, das nicht lange hält, sollte man auf jeden Fall meiden.

Ist mit dem eigenen Werkzeug kein Erfolg zu erzielen, kann man sich gutes ausleihen. Einen Betonmischer zu mieten ist bei großen Projekten immer sinnvoll – sofern man kein Bodybuilding betreiben will. Lassen Sie sich verschiedene Angebote machen und kaufen Sie, wenn möglich, en gros. Leider ist die Auswahl an Ziegelsteinen nicht überall gleich groß. Aber auch zweite Wahl oder gebrauchte und wiedergewonnene Steine sind eine Überlegung wert.

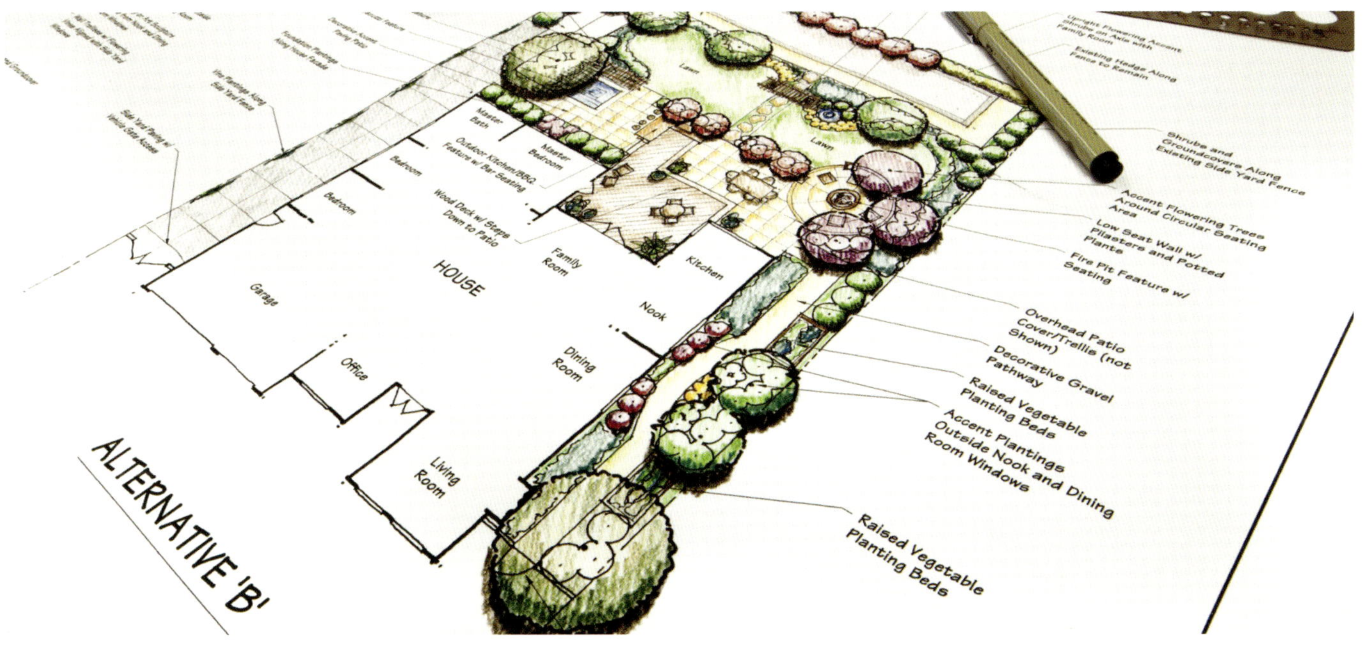

ZIEGELSTEINPROJEKTE FÜR DEN GARTEN

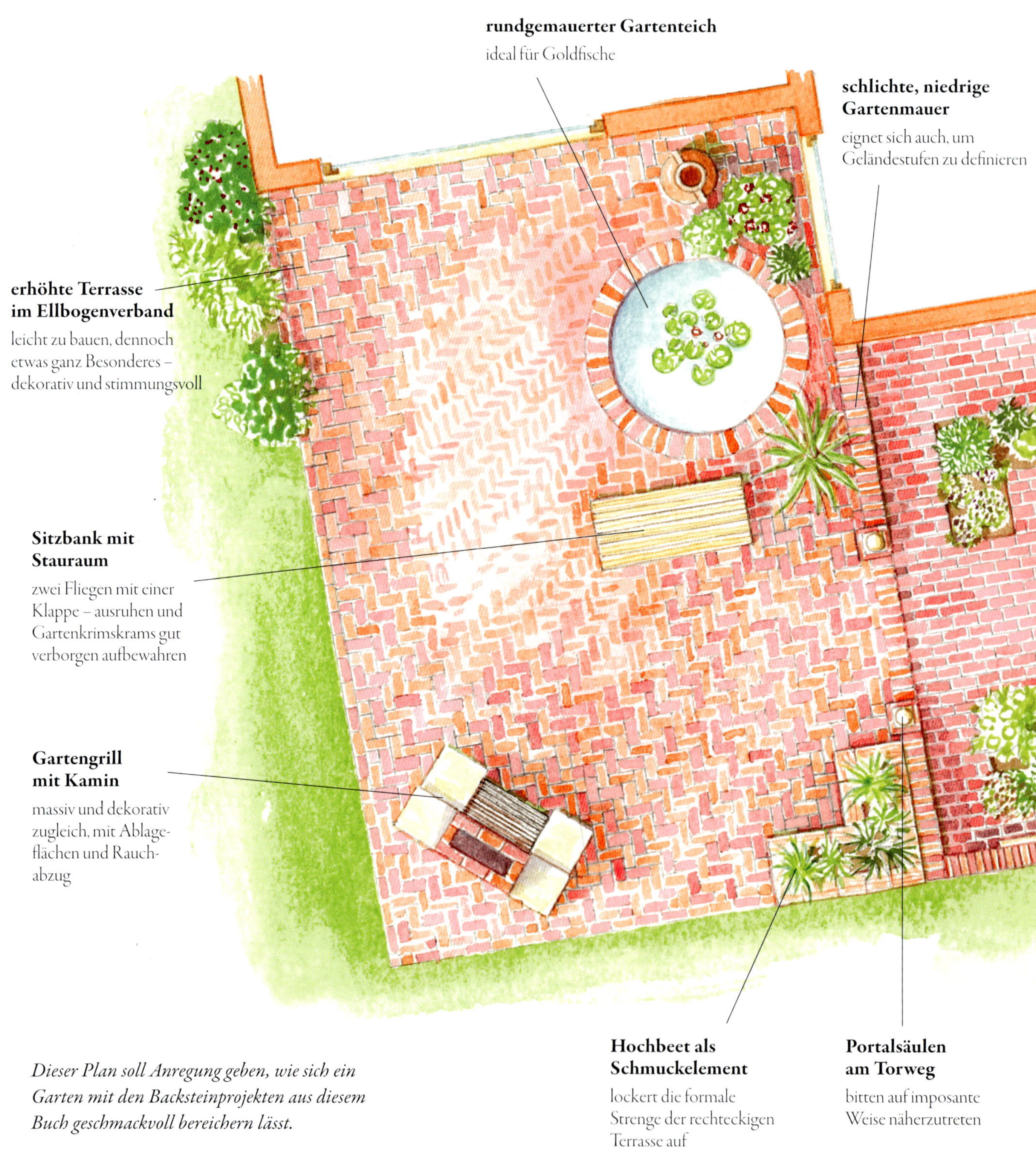

Dieser Plan soll Anregung geben, wie sich ein Garten mit den Backsteinprojekten aus diesem Buch geschmackvoll bereichern lässt.

Hauseingangsstufen seitlich gerundet
lenken die Aufmerksamkeit geschickt auf die Haustür

Terrasse mit integrierten ebenerdigen Beeten
bietet Platz für kleinere Pflanzen wie Rosen oder Kräuter

Wandbrunnen mit Wasserspeier
unterhält mit plätscherndem Wasser, dem man gerne zuschaut, wie es in das kleine, relativ kindersichere Becken rinnt

rein dekorative Mauer mit Zierelementen
stimmungsvoller, mehrere Motive abbildender Gartenschmuck – schön anzuschauen, sorgt für viel Flair

Wandnische mit Segmentbogen
bezaubernd altmodisch, lädt zum Sinnieren ein

Säule mit Vogelbad
in Sichtweite vom Haus, damit die Bewohner auch im Winter Freude daran haben

Erdbeerfass
ideales Pflanzgefäß für den Erdbeeranbau

backsteingepflasterter Weg
farbenfroh, einfach und traditionell im englischen Landhausstil

Beeteinfassung
sieht nicht nur schön aus, erleichtert auch das Rasenmähen

WERKZEUG

Man braucht nur wenige Werkzeuge für die Arbeit mit Ziegelsteinen, aber gute sollten es sein, die besten, die man sich leisten kann. Wer ein festes Budget nicht überschreiten will, investiert wenigstens in hochwertige Kellen (Maurer- und Fugenkelle) und eine gute Wasserwaage (am besten eine herkömmliche Maurer-Richtwaage aus Hartholz) und spart dann lieber an Schaufeln und dergleichen. Im Folgenden das, was man unbedingt haben sollte, sowie etliches, was man mieten kann, um sich die Arbeit zu erleichtern.

WERKZEUG ZUM MESSEN UND MARKIEREN

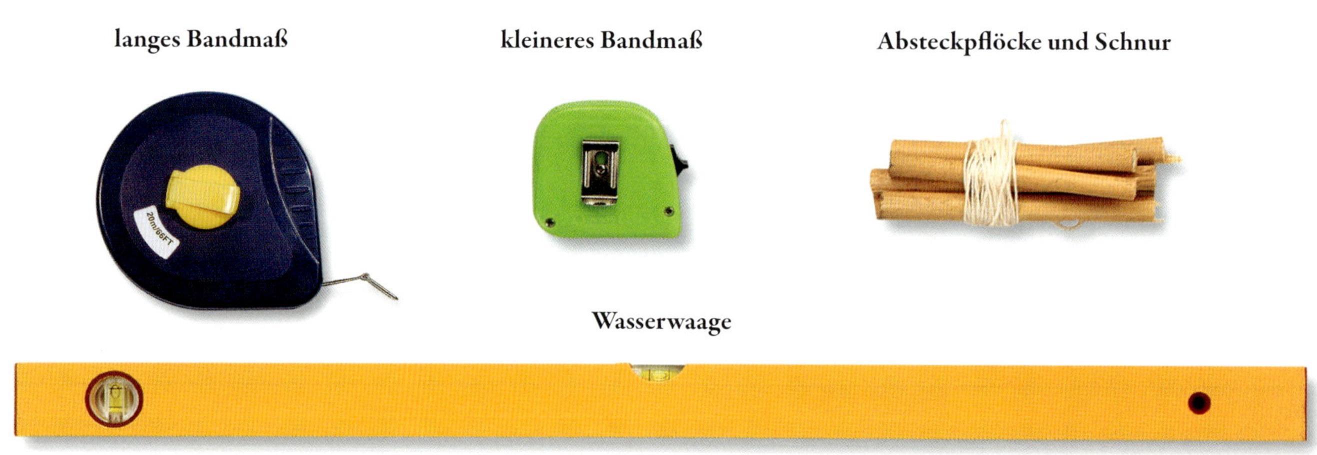

langes Bandmaß **kleineres Bandmaß** **Absteckpflöcke und Schnur** **Wasserwaage**

Bauplatz vermessen und abstecken

Wer zum ersten Mal etwas aus Ziegelsteinen bauen möchte, fragt sich, wie er anfangen soll. Ganz einfach: Alles beginnt mit dem Fundament. Entweder man nutzt ein vorhandenes, beispielsweise eine bereits bestehende Terrasse (siehe S. 35), oder man hebt Erde aus und setzt ein neues.

Dazu wird mit dem Bandmaß (gibt es in verschiedenen Längen) der Umriss abgemessen und mit Pflöcken und Schnur abgesteckt (siehe S. 34). Bei unregelmäßigen Formen macht sich Kreide oder Sprühfarbe besser. Nun das Loch ausschachten. Bei festem Erdreich dienen die Seitenwände des Lochs als Begrenzung, bei lockerem Boden wird aus Brettern eine Schalung gebaut. Eine Wasserwaage sorgt für gerade Wände und eine gleichmäßige Tiefe. Den Aushub schafft man vom Bauplatz fort.

Ausrichten: mit der Wasserwaage überprüfen, ob eine Konstruktion oder ein einzelner Stein exakt waagerecht (parallel zum Boden) und senkrecht (im rechten Winkel zum Boden) positioniert ist und ob die Steine (horizontal wie vertikal) fluchten, also exakt auf einer Linie liegen

Grundriss markieren und während der Bauarbeiten nachmessen und ausrichten

Die genauen Maße einer Backsteinkonstruktion ergeben sich aus dem Ziegelsteinformat (siehe S. 27). Also berechnet man Länge und Breite der ersten Schicht und zeichnet alles auf dem neu errichteten oder bestehenden Fundament mit Bandmaß, Richtlatte und Kreide an, oder man legt die erste Schicht Steine trocken aus – ohne Mörtel, aber dennoch mit den entsprechenden Fugenzwischenräumen –, schiebt die Steine so zurecht, dass alles fluchtet und rechtwinklig ausgerichtet ist und zeichnet den Umriss mit Kreide nach.

Liegt die erste Steinreihe im Mörtelbett, wird per Wasserwaage und Richtlatte waagerecht und senkrecht ausgerichtet und nachjustiert. Eine zwischen zwei Pflöcke gespannte Richt- bzw. Fluchtschnur hilft ungemein, längere Mauerabschnitte gerade aufzumauern (siehe S. 91), so dass jeder Stein waagerecht liegt, alle Steine fluchten, die Steinreihen gerade verlaufen und die Lagerfuge überall gleich dick ist.

WERKZEUGE FÜR DEN FUNDAMENTBAU

Schubkarre   Eimer

Spaten   Grabegabel   Schaufel   Rechen   motorbetriebene Rüttelplatte   Vorschlaghammer

Grasnarbe entfernen und Erde ausheben

Wenn die Umrisse mit Schnur, Kreide oder Farbe markiert sind, wird die Erde ausgehoben zu einem Loch mit spezifischer Tiefe und glatten, senkrechten Wänden. Mit einem Spaten sticht man die Grasnarbe in Rechtecken ab, hebt sie mit einer Grabegabel heraus und bringt sie per Schubkarre weg, bei kleineren Mengen oder wenn es eng zugeht, per Eimer. Schubkarre und Eimer sind generell für den Transport von Materialien unentbehrlich. Soll besonders harter oder steiniger Boden ausgehoben werden, kommt man um Spezialwerkzeuge wie Breit- oder Spitzhacke nicht herum.

Unterbau verdichten

Um eine Konstruktion tragen zu können, muss das Schottermaterial, das als Tragschicht dient (Ziegelbruch, Stein- oder Betonschutt), verdichtet werden. Dazu mit einem Vorschlaghammer größere Stücke zerkleinern, in den Boden stampfen und zu einer planen Schicht verfestigen. Das ist Schwerstarbeit, besonders bei größeren Flächen (> 2 m^2). Am besten kauft man Ziegelbruch, der lässt sich am leichtesten zerkleinern und verdichten. Immer eine Schutzbrille tragen, um die Augen vor umherfliegenden Steinsplittern zu schützen.

Kies, Sand oder Beton verteilen

Zum Verteilen von Kies, Sand, Splitt oder Beton nimmt man die Schaufel. Mit einem Rechen lässt sich trockenes Material gleichmäßig auf größeren Flächen ausbringen. Mit einem Abziehbrett – zum Einsatz kommt es bei frischem Beton, Sand sowie kleinkörnigem Kies und Splitt – wird überschüssiges Material abgezogen, somit das Material in der gewünschten Stärke gleichmäßig verteilt und eine glatte, ebene Oberfläche geschaffen. Die Abziehlatte liegt dabei mit beiden Enden auf der Schalung auf (siehe S. 65). Terrassenfundamente bestehen mitunter nur aus trockenem Material, kommen also ohne Zement aus. Hier leiht man sich am besten eine Rüttelplatte, um Kies, Sand oder Splitt zu einer festen Tragschicht zu verdichten (und auch, um später die Pflasterziegel abzurütteln).

Schotterschicht: Ziegelbruch, Betonrecycling oder Steinschutt, mit dem Vorschlaghammer zerkleinert, verdichtet und eingeebnet. Sorgt für Drainage und trägt als Unterbau bzw. Tragschicht das Fundament. Alternativ kann auch Unterfütterungs-, Drainage-, Frostschutzkies oder kornabgestufter Unterbauschotter zum Einsatz kommen.

WERKZEUGE ZUM MISCHEN VON BETON UND MÖRTEL

Schaufel

Eimer

Sperrholz

Betonmischer

Anrühren von Hand

Beton oder Mörtel von Hand zu mischen ist Schwerarbeit. Man benötigt ein für den Außenbereich geeignetes Stück Sperrholz als Unterlage (10–25 mm dick und mit ca. 1,25 m Kantenlänge), eine Schaufel und einen Wassereimer (siehe S. 37). Sind mehr als 25 kg Beton oder Mörtel anzurühren, empfiehlt sich unbedingt ein Betonmischer.

Anrühren mit dem Betonmischer

Ein Betonmischer rührt Beton und Mörtel besser an, als Sie es von Hand je könnten, und spart zudem viel Zeit. Man kann ihn kaufen oder mieten, es gibt unterschiedliche Größen und angetrieben wird er per Elektro- oder Benzinmotor. Die kleinen strombetriebenen eignen sich am ehesten für den Heimwerkerbereich und mischen in einem Durchgang ca. zwölf Schaufeln Zement, Sand und Kies, was eine Schubkarre voll Beton oder Mörtel ergibt. Bitte die Gebrauchshinweise beachten. Obacht, nach getaner Arbeit muss der leere Mischer nach spätestens fünf Minuten mit Wasserschlauch und Bürste ausgewaschen werden, sonst härten anhaftende Reste aus.

WERKZEUGE FÜR MÖRTELARBEITEN

Maurerkelle

Fugenkelle

Mörtel aufbringen

Gängigstes Werkzeug beim Mauerwerksbau ist die Maurerkelle (die größere der beiden abgebildeten Spitzkellen). Mit ihr nimmt man den Mörtel auf, verteilt ihn gleichmäßig dick auf den Ziegelsteinen, streicht ihn glatt und zieht auch überschüssigen, zwischen den Steinen hervorquellenden Mörtel wieder ab. Mit der Seitenkante oder dem Griff klopft man zum Ausrichten sachte auf die Steine. Sogar grob halbieren lassen sich Ziegel mit der Kelle.

Fugen versäubern

Nachdem die Steine gesetzt sind und ehe der Mörtel abbindet, müssen die Fugen glattgestrichen werden – entweder mit einer Fugenkelle oder auf andere Weise (siehe S. 47). Beim Verfugen werden Hohlräume und Lücken in den Fugen verfüllt (siehe S. 55). Obacht, nicht den überschüssigen Mörtel auf die Schauseite der Backsteine schmieren. Als Spitzkellen ausgeführte Fugenkellen sind auch eine gute Alternative zur schweren Maurerkelle, wenn einem deren Handhabung schwerfällt.

WERKZEUGE ZUM ZUSCHNEIDEN VON ZIEGELN, STEIN UND BETON

Ziegelsteine zuschneiden

Für die Projekte in diesem Buch, bei denen nur einige wenige Ziegel zuzuschneiden sind, empfehlen wir der Einfachheit halber die Verwendung von Handwerkzeugen. Am gebräuchlichsten ist die einfache Methode mit Breitmeißel (Prelleisen, Scharriereisen, Breiteisen etc.) und Fäustel (siehe S. 41).

Zum Durchtrennen von Ziegeln und sonstigen Steinen gibt es auch diverse Maschinen (siehe S. 41): kleinere Winkelschleifer oder größere mit Diamanttrennscheibe, Steinspalter bzw. Klinkerschneider (90-Grad-Schnitte gelingen schnell, aber nicht so sauber wie mit der Steinsäge) oder Kreissäge mit Steinsägeblatt. Wenn Hunderte von Steinen zu schneiden sind, sollte man sich eine spezielle Steinsäge mit Diamantsägeblatt mieten (mit der auch Gehrungsschnitte gelingen).

Betonsteine, Steinplatten, Fliesen und Dachziegel zuschneiden

Betonpflastersteine lassen sich genauso zerteilen wie Ziegel (siehe oben). Beton- und Steinplatten, dicke Fliesen und Dachziegel kann man je nach Größe auch mit einem großen, schweren Winkelschneider oder einer Steinsäge schneiden. Aus Sicherheitsgründen empfehlen wir jedoch, mit einem kleineren Winkelschleifer mit einer für Stein geeigneten Trennscheibe lediglich eine Rille zu fräsen und dann mit Breitmeißel bzw. Prelleisen und Fäustel die Platte zu spalten (siehe S. 42). Bei dünnen Fliesen oder Ziegelplatten genügt meist ein handbetriebener Fliesenschneider. Immer Schutzhandschuhe und -brille tragen, beim Einsatz von Maschinen zudem Staubschutzmaske, Gehörschutz und Arbeitsstiefel.

Fäustel

Maurerhammer

Winkelschleifer

Breitmeißel bzw. Prelleisen

SONSTIGE WERKZEUGE

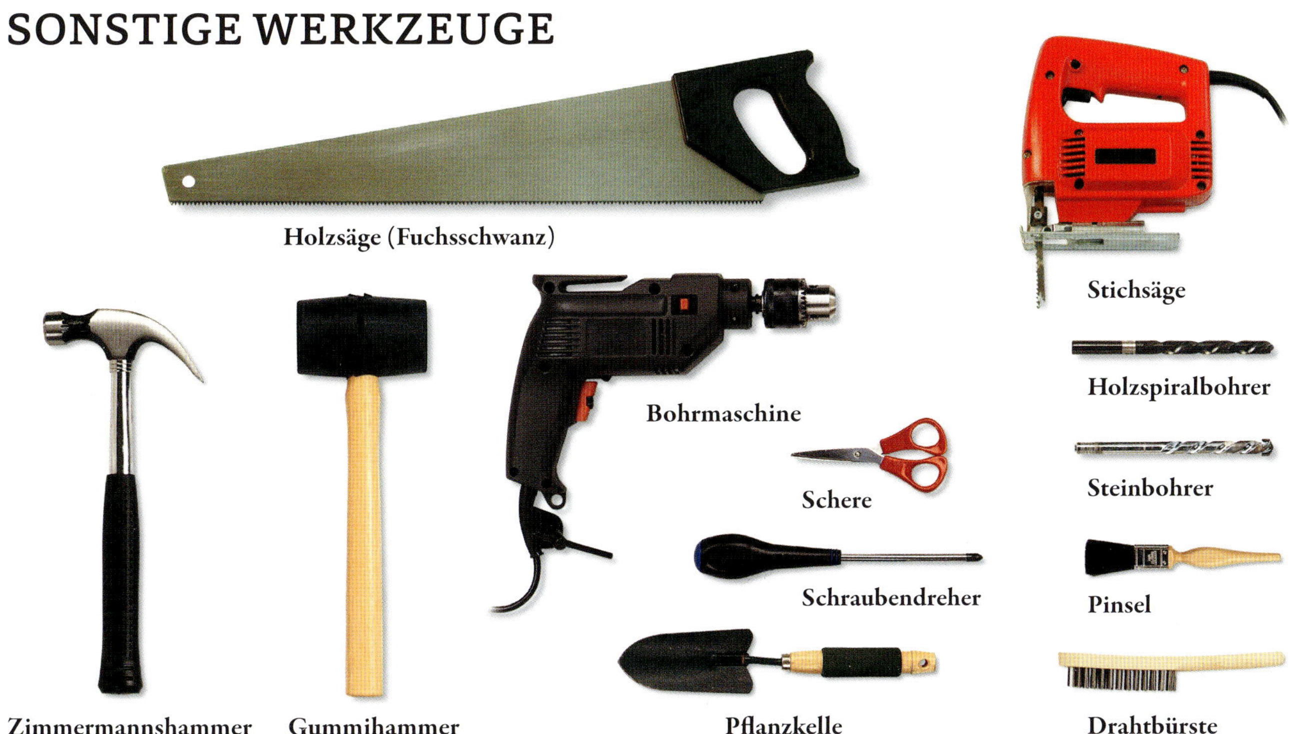

Holzarbeiten

Manche Projekte erfordern zum Gießen des Betonfundaments eine Schalung, also ein Rahmenwerk aus Holz. Die Schalbretter werden rechtwinklig zueinander angeordnet und mit Pflöcken und Nägeln zusammengehalten (siehe S. 29). Dazu genügen eine einfache Holzsäge und ein Zimmermannshammer.

Einfache gemauerte Bögen sind überhaupt kein Hexenwerk, sofern man eine Bogenlehre bzw. einen Schalbogen, also eine Hilfskonstruktion aus Holz verwendet und die Ziegel während des Mauerns damit stützt (siehe S. 124–129,136–143,144–151,152–157). Man stellt sie aus Sperrholz her, zugeschnitten mit einer Stichsäge, die sicher und einfach in der Handhabung ist. Nach dem Anzeichnen des Bogens auf dem Sperrholz (evtl. mit Hilfe eines Stangenzirkels, siehe S. 46), dieses auf der Werkbank festhalten, die Säge anschalten (das Sägeblatt darf das Holz erst berühren, wenn der Motor läuft) und dann mit dem Sägeblatt vorsichtig der angezeichneten Rundung folgen. Auch hier Schutzbrille tragen und die Anweisungen des Herstellers befolgen.

Löcher bohren

Hier eignet sich eine Universalbohrmaschine mit Schlagbohrfunktion. Für kleine Löcher in Holz (< 10 mm Durchmesser) nimmt man einen Holsspiralbohrer, für größere einen Flachfräsbohrer. Für Löcher in Mauerwerk nutzt man die Schlagbohrfunktion und verwendet Steinbohrer. Und bitte immer die Gebrauchshinweise des Werkzeugs befolgen.

Abschließende Arbeiten

Nach Arbeitsende muss aufgeräumt werden. Mauerwerk und Boden sind von Mörtelklecksen, Spritzern und Schlieren zu befreien. Mit einer Drahtbürste werden die Ziegel geschrubbt (Handschuhe und Schutzbrille tragen!), chemische Reiniger (siehe S. 54) hingegen werden mit einem Pinsel aufgebracht. Den braucht man beispielsweise auch, um Putz mit einem Isolieranstrich zu versehen (siehe Wandbrunnen mit Wasserspeier S. 157).

Sonstiges Werkzeug

Ein Gummihammer erleichtert das Ausrichten der Ziegel im Mörtelbett, da er zwar schwer, aber auch weich ist und die Steine nicht beschädigt. Mit dem Holz- oder Kunststoffgriff des Fäustels oder Maurerhammers gelingt das aber ebenso. Nützlich sind auch Schraubendreher – falls Sie lieber mit Schrauben als mit Nägeln arbeiten – und eine kleine Gartenhandschaufel (Pflanzkelle) zum Bepflanzen von Hochbeet oder Erdbeerfass.

Bei Wasserbauten wie dem runden gemauerten Teichbecken braucht man eine Schere zum Zuschneiden von Vlies und Folie. Zum Ablängen des Schutzrohres für Stromkabel und Wasserschlauch beim Wasserspeierprojekt macht sich eine Bügelsäge (Metallsäge) gut. Schaffen Sie aber keine neuen Werkzeuge auf gut Glück an, sondern immer erst, wenn Sie sie wirklich brauchen.

MATERIAL

Für Gartenprojekte sollte man möglichst Hartbrandziegel oder Klinker verwenden, die bei besonders hohen Temperaturen gebrannt wurden, härter als gewöhnliche Ziegelsteine sind und vor allem – darauf kommt es besonders an – frostbeständig. Qualitativ hochwertige Klinker zu vernünftigen Preisen aufzutreiben ist oft gar nicht so einfach. Wer einen Pritschenwagen oder Hänger mietet und die Steine selbst beim Händler abholt, spart oft viel Geld. Mit etwas Glück bekommt man für die Hälfte des regulären Preises leicht beschädigte oder nicht exakt und gleichmäßig geformte Steine, die sich aufgrund ihres ganz eigenen Charakters für Gartenprojekte besonders gut eignen. Durchgehende Risse sollten sie allerdings nicht aufweisen.

ZIEGELSTEINE

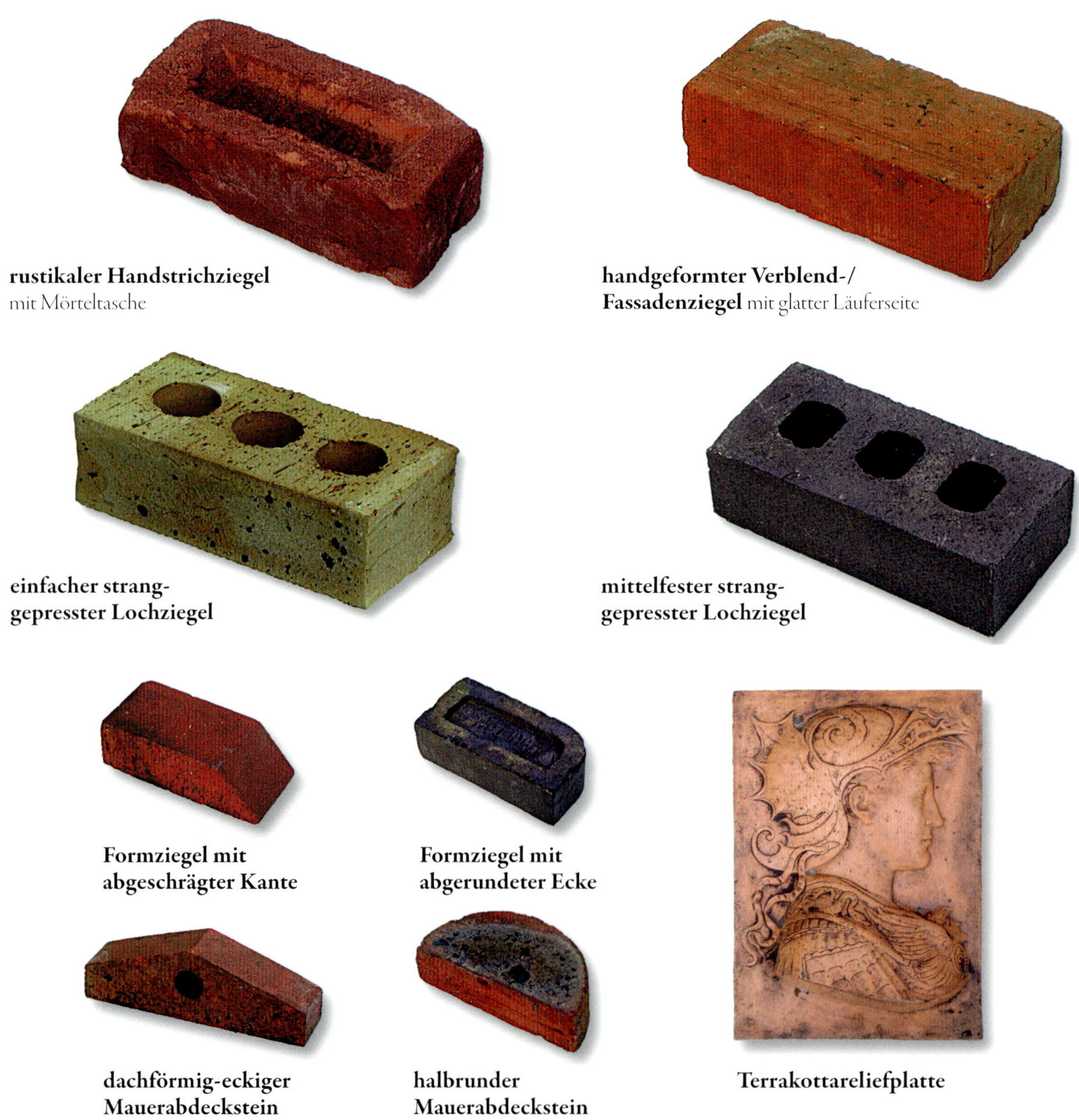

rustikaler Handstrichziegel mit Mörteltasche

handgeformter Verblend-/ Fassadenziegel mit glatter Läuferseite

einfacher stranggepresster Lochziegel

mittelfester stranggepresster Lochziegel

Formziegel mit abgeschrägter Kante

Formziegel mit abgerundeter Ecke

dachförmig-eckiger Mauerabdeckstein

halbrunder Mauerabdeckstein

Terrakottareliefplatte

Optik

Die meisten Menschen mögen Ziegelmauerwerk vor allem wegen des Erscheinungsbildes. Doch Vorsicht, moderne (Verbund-)Ziegel sind von der Oberflächenstruktur her oft nicht für Sichtmauerwerk geeignet und sehen unverputzt in der Masse ausgesprochen hässlich aus.

Schauen Sie sich fertige Ziegelbauten an, um Ihren Geschmack zu schulen. Was gefällt Ihnen besonders gut? Beachten Sie, dass sich die Wirkung von Farbton und Struktur in großer Fläche, wie es bei einer Mauer oder Terrasse der Fall ist, noch intensiviert. Farbe und Eigenschaften der Backsteine hängen nicht nur von der Brenntemperatur, sondern auch vom Ton ab, aus dem sie hergestellt werden, und können daher regional verschieden sein. Auch die Art der Herstellung bewirkt unterschiedliche Optiken: industriell gefertigte Ziegel sind aufgrund glatter Oberflächen, gerader Kanten und akkurater Form leicht zu verbauen, handgefertigte wirken natürlicher und authentischer, sind aber auch unregelmäßiger geformt und daher schwieriger zu verlegen. Weiterhin gibt es Spezialziegel, deren Form und Verfügbarkeit jedoch je nach Region schwankt.

Eigenschaften

Je nach Einsatzgebiet werden verschiedene Ziegelsteintypen angeboten. Fassadenklinker und Verblendziegel dienen der Fassadengestaltung und werden wegen ihrer Optik zu Sichtmauerwerk verbaut. Bei Lochziegeln spielt das Aussehen meist eine untergeordnete Rolle. In der Ausführung als Hartbrandziegel punkten sie mit hoher Festigkeit und geringer Wasserabsorption. Die bei besonders hohen Temperaturen gebrannten, geschlossenporigen Klinker sind mit oder ohne Lochung erhältlich, wobei Vollsteine und die edlen Keramikklinker am teuersten sind. Klinker sind für Bauten gedacht, die hohen Belastungen ausgesetzt sind und die besondere Härte des Steins rechtfertigen – Stufen und Treppen beispielsweise. Oder eben auch Sichtmauerwerk im Außenbereich – wo es auf die Frostbeständigkeit ankommt.

Mauerziegel werden immer auch nach ihrer Frostbeständigkeit klassifiziert, wobei es sich von selbst versteht, dass man mit frostempfindlichen Ziegeln unverputztes Mauerwerk nur in Innenräumen, jedoch keinesfalls im Freien gestaltet, zumindest nicht in unseren Breiten. Die Projekte im Buch haben wir mit frostbeständigen Verblendziegelsteinen realisiert.

Ziegelsteine haben sechs Seitenflächen: Ober- und Unterseite, zwei Stirn- bzw. Kopfseiten („Binderseite") und zwei Längsseiten („Läuferseite"). Bei manchen ist die Oberseite mit einer Mulde versehen, die als Mörteltasche dient, bei anderen erfüllen drei (oder mehr) durchgängige Löcher diesen Zweck. Vielseitiger sind Erstere, da die glatte Unterseite auch als Schauseite herhalten kann. Oder man greift gleich zum Vollziegel bzw. -klinker.

Maße

Die Proportionen der Ziegel spielen eine besondere Rolle, was sich beim Verlegen deutlich zeigt. Grundsätzlich sind sie etwa doppelt so lang wie breit und die Höhe entspricht in etwa einem Drittel der Länge. Damit fügen sie sich perfekt ineinander, egal, in welchem Verband oder Verlegemuster man sie vermauert. Die genauen Maße sind je nach Ziegelformat verschieden, es gibt unzählige Formate, die sich je nach Hersteller und von Land zu Land unterscheiden.

Im klassischen deutschen Normalformat (NF) misst ein Ziegel 240 mm × 115 mm × 71 mm. Darüber hinaus gibt es noch das Dünnformat und jede Menge weitere, meist alte (z. B. sog. Reichsformate, Klosterformate etc.) und viele regionale Formate. Die Projekte im Buch wurden mit Ziegeln im Format britischer Metric Bricks ausgeführt, die mit 215 mm ×102,5 mm × 65 mm erheblich kleiner sind als Ziegel im deutschen Normalformat. Ihnen kommt das **Waaldickformat (WDF) mit den Maßen 210 mm × 100 mm × 65 mm** recht nahe, ein ursprünglich aus Holland stammendes Klinkerformat, das den Projekten im Buch in der deutschen Ausgabe nunmehr zugrunde liegt. Grundsätzlich sind Maßangaben nur als Richtwert zu verstehen – vor dem Vermessen und Abstecken (siehe S. 20) sind sie je nach tatsächlich verwendendem Ziegelformat eigenmächtig zu ermitteln. Auf alle Fälle sind bei derlei Berechnungen, zumindest bei Mauerwerk, immer die jeweils 10 mm breiten Stoß- und Lagerfugen zu berücksichtigen.

Neu oder gebraucht

Sollen alte, gebrauchte Steine verwendet werden, weil man deren antike Anmutung mag oder weil sie zu bereits bestehendem, alten Mauerwerk passen sollen, wird man zwar meist bei Händlern fündig, die sich auf die Wiederverwendung gebrauchter Steine aus Abbrüchen spezialisiert haben, muss aber oft tiefer in die Tasche greifen als für neue Steine. Meiden Sie Steine mit Mörtelanhaftungen – das Abklopfen ist Schwerarbeit.

Steine zweiter Wahl sind nicht perfekt – hier ist etwas abgesplittert, dort stimmt ein Maß nicht, da ein Riss, dieser Stein ist zu stark gebrannt, jener zu schwach –, haben jedoch Charakter. Sortieren Sie zu schwach gebrannte Steine und solche mit Rissen aber unbedingt aus.

Mitunter sind auch rein dekorative Sonderformen im Angebot, warum also nicht versuchen, sie in ein geplantes Projekt zu integrieren? Seien Sie kreativ!

GRUNDSTOFFE FÜR UNTERBAU, BETONFUNDAMENT, MÖRTEL UND PUTZ

Betonkies
Korngröße 0–16

Mittel- bis Grobkies

Grobsand

Mauer-, Mörtel- bzw. Bausand

Zement

Beton, Gesteinskörnung, Betonkies

Fundamente benötigen einen Unterbau, sie werden unterfüttert mit geschottertem, grobem Steinmaterial – Ziegelbruch, Betonrecycling, Gesteinsschutt – zertrümmert und zu einer festen, kompakten, jedoch wasserdurchlässigen Tragschicht verdichtet. Meist wird der einfache Unterbau durch eine Betonschicht zu einem vollwertigen Fundament.

Beton wird aus Portlandzement, feinen Zuschlagstoffen (Sand), groben Zuschlagstoffen (Kies größerer Körnungen) und Wasser angerührt. Das Mineralstoffgemisch des Betonzuschlags wird auch als Gesteinskörnung bezeichnet. Form und Korngröße der einzelnen Bestandteile bestimmen die Eigenschaften des Betons – seine Festigkeit, Härte, Haltbarkeit und Porosität. Im Baustoffhandel gibt es fertige Mischungen aus Grobsand, Kies und Steinen unter dem Namen Betonkies (meist mit der Körnung 0–16) zu kaufen. Genau das Richtige für die Projekte in diesem Buch.

Der Unterbau von Terrassen und Wegen kommt oft ohne Beton aus. Auf die Tragschicht aus verdichtetem Schotter-material wird entweder Kies, Splitt, Sand oder eine Kombination daraus aufgebracht und ebenso wie die Schotterschicht verdichtet.

Sand

Sand ist in verschiedenen Varianten erhältlich. Grobsand wird gebraucht für Beton, als Bettungsschicht für Pflasterbelag oder wird mit Zement zu Putzmörtel angerührt. Mauersand, auch Mörtelsand oder Bausand genannt, ist von mittlerer bis feiner Körnung und wird zum Anmischen von Mörtel gebraucht. Doch auch für Beton und im Fundamentbau kann er durchaus verwendet werden, auch wenn sich hier Grobsand besser eignet. Sehr feinkörnigen Quarzsand braucht man, um ihn bei Verwendung von Verbundpflastersteinen in die sehr schmalen Pflasterfugen einzukehren. Breitere Fugen verfüllt man jedoch mit normalem Sand.

Mörtel

Mörtel besteht aus Mauersand, Zement und Wasser und dient dazu, Mauerziegel fest miteinander zu verbinden. Beim Anmischen, was etwas Übung erfordert, kommt es vor allem aufs richtige Verhältnis an (siehe S. 36–39). Ersetzt man den Mauersand durch Grobsand, entsteht ein gröberer Mörtel, der sich eher zum Verputzen eignet. Putz bezeichnet eine dünne Mörtelschicht auf gemauerter Fläche.

HOLZ UND SPERRHOLZ

Beispiele für Holzquerschnitte und unterschiedliche Einsatzmöglichkeiten

Schalung

Eine Schalung ist der Holzrahmen, der beim Gießen des Fundaments dessen Form definiert und den breiigen Beton bis zum Aushärten festhält. Man verwendet billige sägeraue Bretter oder Altholz, da der Zement das Holz unbrauchbar macht für andere Zwecke. Sperrholz besteht aus dünnen verleimten Schichten und eignet sich für Bogenlehren, das sind Konstruktionshilfen, die man braucht, um Bögen mauern zu können. Große Sperrholzplatten müssen auf das benötigte Maß zugeschnitten werden.

Weitere Verwendungszwecke

Holz harmoniert sehr mit Ziegelmauerwerk – die warmen Farben passen gut zusammen. Behandeltes Kiefernholz, Eiche oder auch Eisenbahnschwellen lassen sich dekorativ einbinden in Gartenprojekte.

Während der Bauarbeiten bietet es sich an, den Bereich rund um die Baustelle mit billigen Sperrholzplatten abzudecken, um den Rasen oder angrenzende Wege und Terrassenflächen vor Schäden und Schmutz zu schützen.

Sonstige Materialien

Für einige im Buch beschriebene Projekte, besonders für den gemauerten Teich und den Wandbrunnen mit Wasserspeier, sind weitere, hier nicht aufgeführte Materialien vonnöten. Sollten Teichfolie und Vlies im örtlichen Baumarkt nicht vorrätig sein, können Sie unter der Rubrik Teichbau in den Gelben Seiten oder im Internet nach Lieferanten suchen.

STEINE UND PLATTEN

Dachziegel (hier ein Flachziegel)

Bodenfliese

glasierte Schmuckfliese

Verbundpflasterstein

Terrassen- und Gehwegplatte aus Beton

Terrassen- und Gehwegplatte aus Kunststein

Mühlstein

Natursteinplatte

Yorkstone (Sandstein)

Dachsteinplatte

Natursteinquader

Rollsteine („Katzenköpfe")

Naturstein (Lese- oder Feldstein)

Kieselsteine

Dachziegel und Fliesen

Traditionell kommen Dachziegel als Mauerabdeckung zum Einsatz, um das Regenwasser vom Ziegelmauerwerk abzuleiten, im Spezialhandel gibt es aber auch dekorative Abdecksteine, die extra für diesen Zweck gedacht sind. Bodenfliesen aus Terrakotta, Steingut, Ziegel- oder Klinkermaterial lassen an alte Landsitze oder Bauernhäuser denken. Bei Fußbodenplatten auf Betonbasis stößt man mitunter auch auf Bezeichnungen wie Kunststein oder Betonwerkstein, weil sie Naturstein oder klassischen Ziegeln zum Verwechseln ähneln. Auch Schmuckfliesen aller Art – leuchtend bunte, mit Ornamenten versehene, glasierte – lassen sich als dekorative Elemente mit Mauerziegeln kombinieren und in Ziegelmauerwerk integrieren.

Naturstein

Seit jeher wird Ziegelmauerwerk mit Naturstein kombiniert, weil das dekorativ wirkt. Natursteine (Bruchsteine, Lesesteine, Feldsteine, Rollsteine etc.) sind in großer Auswahl zu haben, man sollte allerdings zu in der Region abgebauten bzw. gewonnenen greifen, die auch farblich meist am besten mit vor Ort verfügbaren Ziegeln harmonieren. Lassen Sie sich doch einfach vom regionalen Angebot und von fertigen Beispielen in der Umgebung inspirieren. Keine Steine kaufen, die bröckelig oder rissig wirken. Und wenn möglich, die Steine einzeln auswählen, so dass sie passen, wie sie sind, und nicht mehr zurechtgeschnitten werden müssen (zum Schneiden von Steinen, falls doch nötig, siehe S. 42–43).

Katzenköpfe und Kieselsteine lassen sich gut in Mörtel einlassen – derart gestaltete Oberflächen harmonieren sehr schön mit Sichtmauerwerk und ziegelgepflasterten Terrassen und Wegen.

Terrassen- und Gehwegplatten

Einfache Betonplatten sind für eine dekorative Gartengestaltung meist zu schlicht, aber es gibt viele hübsche Alternativen: strukturierte Oberflächen, unterschiedlich eingefärbter Beton, Platten aus Kunststein bzw. Betonwerkstein (eine Mischung aus zerstoßenem Gestein und Beton). All dies kann genauso ansprechend aussehen wie echter Stein. Zudem sind Terrassenplatten aus Naturstein zwar schön, aber auch sehr teuer.

Pflastersteine

Mauerziegel lassen sich auch zum Pflastern verwenden, was gut mit angrenzendem Mauerwerk harmoniert, sollten jedoch frostbeständig sein. Auch ist die Fugengestaltung eine andere als bei Mauerwerk. Von den Proportionen her sind Mauerziegel auf die Verlegung mit Mörtelfugen ausgerichtet, nicht auf eine Pflasterung dicht an dicht. Dieses Manko lässt sich aber kreativ ausgleichen und trägt zum besonderen Charme einer backsteingepflasterten Fläche bei.

Pflastersteine wiederum sind speziell auf die Verwendung im Wege-, Straßen- und Terrassenbau ausgerichtet und entsprechend hart und frostbeständig. Oder man greift zu Pflasterklinkern – sicherlich die dekorativste und haltbarste Variante. Sie werden bei höheren Temperaturen als gewöhnliche Ziegelsteine hartgebrannt, sind hochfest, frostbeständig, weisen keine Lochung auf, dafür aber eine subtile, ganz besondere Farbgebung, die dauerhaft farbbeständig ist (was man von Betonpflastersteinen nicht sagen kann, sie verblassen nach fünf bis zehn Jahren). Pflasterklinker sind exakt doppelt so lang wie breit, wodurch sie sich sehr leicht auch in ausgefallenen Mustern verlegen lassen, und sind gewöhnlich dünner als Mauerziegel, wodurch nicht so tief ausgeschachtet werden muss.

FUNDAMENTE

Am Fundament darf man auf keinen Fall sparen. Meistens ist ein stabiles Betonfundament nötig, da beißt die Maus keinen Faden ab. Bestehen Zweifel bezüglich der Bodenverhältnisse in Ihrem Garten, dann gilt: Mehr ist besser als weniger – lieber ein stärkeres Fundament bauen und den hier beschriebenen Aufbau an die gegebenen Umstände anpassen. Ist der Boden weich, wird das Fundament breiter und tiefer ausgeführt, ist der Boden sehr feucht, muss zwecks besserer Drainage der Unterbau bzw. die geschotterte Tragschicht stärker ausfallen.

WARUM EIN FUNDAMENT?

Jedes Bauwerk, aber auch jedes noch so kleine Gebilde aus Ziegelsteinen braucht ein Fundament – eine stabile, tragfähige, ebene Basis, die es trägt. Setzt man Ziegel einfach so auf den Boden, würde über kurz oder lang alles zusammenfallen: Ihr Gewicht drückt sie in den Boden, Regenwasser tut sein Übriges, Erosion setzt ein, der Boden wird ausgespült, das ganze Ziegelbauwerk sinkt ein, Risse bilden sich, es kippt um oder fällt auseinander. Egal ob Mauer, Säule oder Terrasse – bauen Sie immer zuerst ein solides Fundament. Normalerweise wird auf eine geschotterte Tragschicht Beton gegossen. Bei Wegen und Terrassen kann man diesen oft auch weglassen und durch anderes verdichtetes Material ersetzen. Und manchmal hat man das Glück, ein bereits bestehendes Fundament nutzen zu können (siehe S. 35).

FUNDAMENTARTEN

Die meisten Ziegelmauern sowie aufrecht stehende Gebilde wie gemauerte Grills, Säulen oder Pflanzgefäße brauchen ein stabiles Fundament aus Beton, unterfüttert durch eine geschotterte Tragschicht wie in der Abbildung rechts.

Bei gepflasterten Flächen wie Terrassen und Wegen genügt meist leicht krümeliger, von der Konsistenz her eher steifer, sog. erdfeuchter (Stampf-)Beton, oder eine verdichtete Schicht aus Kies, Splitt und dergleichen. Das ist zwar nicht so stabil wie ein Betonfundament, für weniger belastete Terrassen und Wege im privaten Garten aber ausreichend. Macht auch weniger Mühe. Über der geschotterten Tragschicht wird einfach Kies, Splitt, Sand oder eine Kombination daraus aufgebracht und ebenso wie die Schotterschicht verdichtet.

Bei weichem, sandigem oder morastigem Boden sollte man jedoch nicht auf eine Betonschicht verzichten. Auch dort, wo eine Rüttelplatte nur schwer einsetzbar ist, sollte man lieber auf Nummer Sicher gehen und ein Betonfundament gießen. Randsteine sind in Mörtel zu betten und mit einer abgeschrägten Mörtelwulst gegen ein Wegkippen zu sichern.

Verfüllen: einen Hohlraum hinter einer Wand, eine Senke oder ein Loch im Boden oder im Fundamentgraben mit Erdreich o. dgl. auffüllen bzw. aufschütten und verdichten, um das Niveau auszugleichen bzw. auf die gewünschte Höhe anzuheben

Oben: Um ein hohes, schweres Gebilde wie diesen Grill zu tragen, wurde ein Fundament aus relativ dickem Beton auf eine Tragschicht aus verdichtetem Schotter gegossen.

Auf festem Untergrund

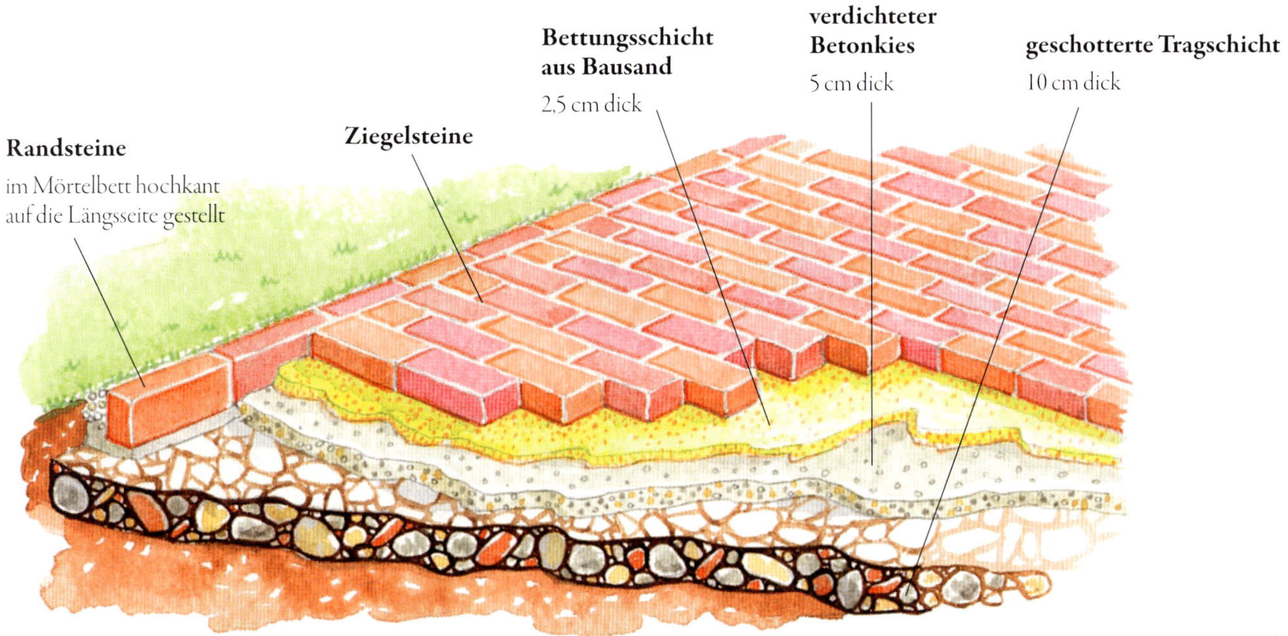

Oben: Fundament einer Ziegelsteinterrasse auf festem, wasserdurchlässigem Untergrund. Bei großen Terrassen werden die einzelnen Schichten per Rüttelplatte verdichtet.

Auf weichem Untergrund

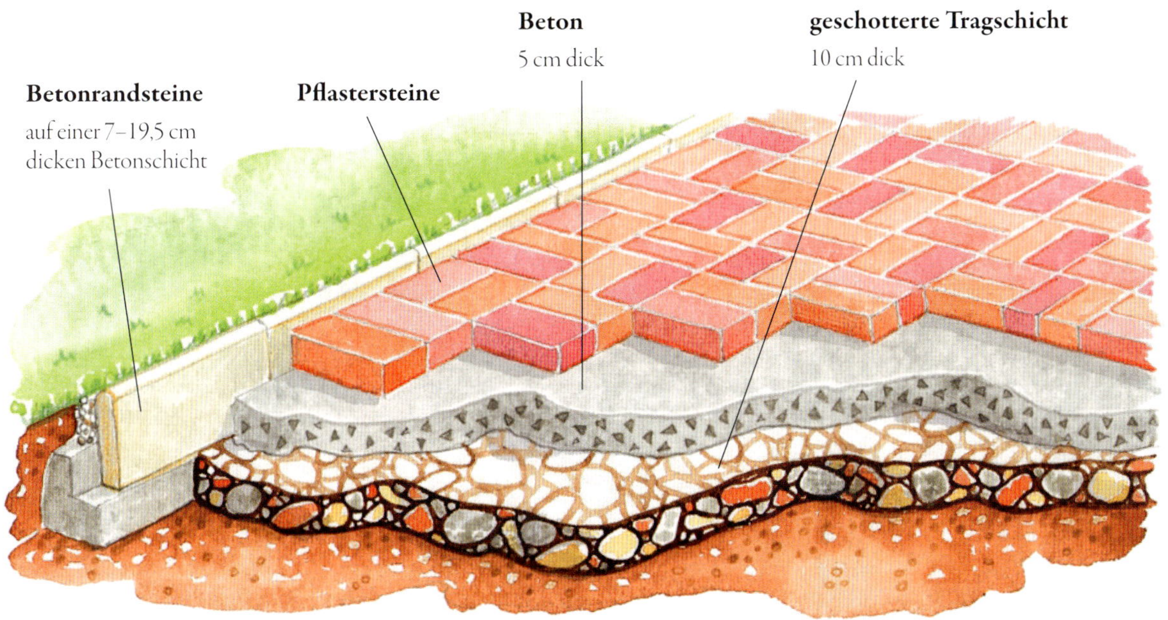

Oben: Fundament einer Terrasse aus Pflastersteinen auf feuchtem, weichem Untergrund. Bei erhöhtem Aufkommen von Regen- oder Grundwasser sollte die Schotterschicht, die ja auch der Drainage dient, mindestens 20 cm dick sein.

VERMESSEN, ABSTECKEN, AUSSCHACHTEN

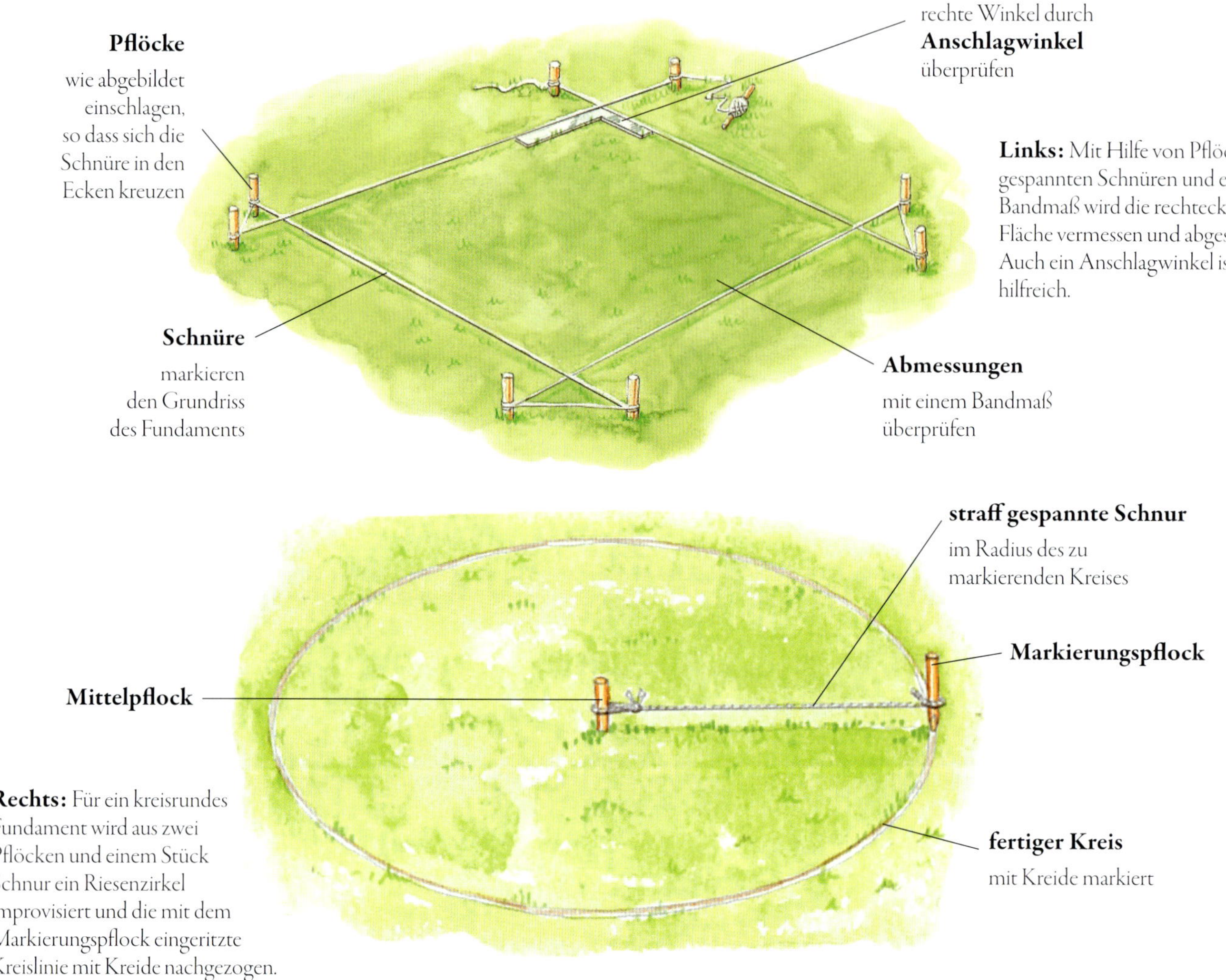

Links: Mit Hilfe von Pflöcken, gespannten Schnüren und einem Bandmaß wird die rechteckige Fläche vermessen und abgesteckt. Auch ein Anschlagwinkel ist hilfreich.

Rechts: Für ein kreisrundes Fundament wird aus zwei Pflöcken und einem Stück Schnur ein Riesenzirkel improvisiert und die mit dem Markierungspflock eingeritzte Kreislinie mit Kreide nachgezogen.

Abstecken: mit Bandmaß, Pflöcken und Schnur den Umriss des Fundaments auf dem Boden markieren (wird hingegen auf Ziegeln, Fliesen, Steinplatten etc. markiert, wo ein Zuschnitt erfolgen soll, spricht man von **Anzeichnen**.)

Die exakte Größe des Fundaments ist festzulegen – bei einer Terrasse entspricht sie der Größe der fertigen Terrasse, bei einer Mauer hingegen ist das Fundament breiter als die Mauer selbst – sowie die genaue Tiefe. Der Bauplatz wird vermessen (ist das Gelände abschüssig, ist die gewünschte Oberkante des Fundaments an in den Boden getriebenen Pflöcken zu markieren) und ein Querschnitt gezeichnet (man stellt sich Fundament und Boden in der Mitte durchgeschnitten vor), um zu ermitteln, wie viel Boden abzutragen bzw. wie tief auszuschachten ist.

Rechteckige Umrisse werden mit Pflöcken, Schnur und Bandmaß abgesteckt. L-Formen und noch komplexere Umrisse unterteilt man in einzelne Rechtecke. Um diese auf Rechtwinkligkeit hin zu prüfen, misst man zunächst, ob jeweils gegenüberliegende Seiten gleichlang sind, und dann, ob auch die beiden Diagonalen exakt die gleiche Länge haben. Wenn nicht, addiert man deren Längen und teilt durch zwei. Dieser Wert entspricht der korrekten Länge beider Diagonalen, die nun durch Versetzen der Pflöcke an den Ecken herzustellen ist.

Bei kreisrunden Fundamenten schlägt man einen Pflock in den Kreismittelpunkt und misst ein Stück Schnur ab mit Schlaufen an beiden Enden, deren Gesamtlänge (inklusive der Schlaufen) dem Kreisradius entspricht. Eine Schlaufe wird über den Mittel-, die andere um einen Markierungspflock gelegt, bei gestraffter Schnur die Kreisumfangslinie in den Boden geritzt und mit Sprühfarbe oder Kreidepulver nachgezogen.

Nun geht's ans Ausschachten (siehe S. 22).

FUNDAMENTBAU

Die unterste Fundamentschicht ist eine stabile, feste Tragschicht aus Steinabfällen, zerkleinert und verdichtet mit dem Vorschlaghammer. Darüber wird, zumindest bei aufragenden Ziegelbauten wie Mauern oder einem Grill, Beton gegossen. Die Fundamentaußenränder definiert dabei eine hölzerne Schalung. Die Außenseiten der Schalungsbretter werden durch Pflöcke gehalten, die durch die Schotterlage hindurch so weit in den Boden darunter getrieben werden, dass sie mit den Brettern plan abschließen. Die Oberkanten aller Bretter müssen auf gleicher Höhe abschließen, sie definieren die Oberkante des Betons. Sobald der Frischbeton in die Schalung gegossen wurde, wird er mit einer Holzlatte über die Schalbretter plan abgezogen, wodurch die Betonmasse gleichmäßig verteilt, verdichtet und überschüssige beseitigt wird. Bei gepflasterten Flächen kann diese zweite Fundamentschicht statt aus Beton aus Kies bestehen, gefolgt von verdichtetem Sand, der bis kurz unter die Fundamentoberkante reicht. Darüber kommt eine dünne Schicht loser Sand, in den die Pflastersteine gebettet werden. Bei großen Fundamenten, die über 3 m Länge pro Richtung hinausgehen, ist die Fläche mit zusätzlichen Schalbrettern zu unterteilen, die alle nach oben hin plan abschließen.

Verdichten: mit Vorschlaghammer oder Stampfer und dem eigenen Körpergewicht Sand, Splitt, Kies, Erde oder Schottermaterial feststampfen.

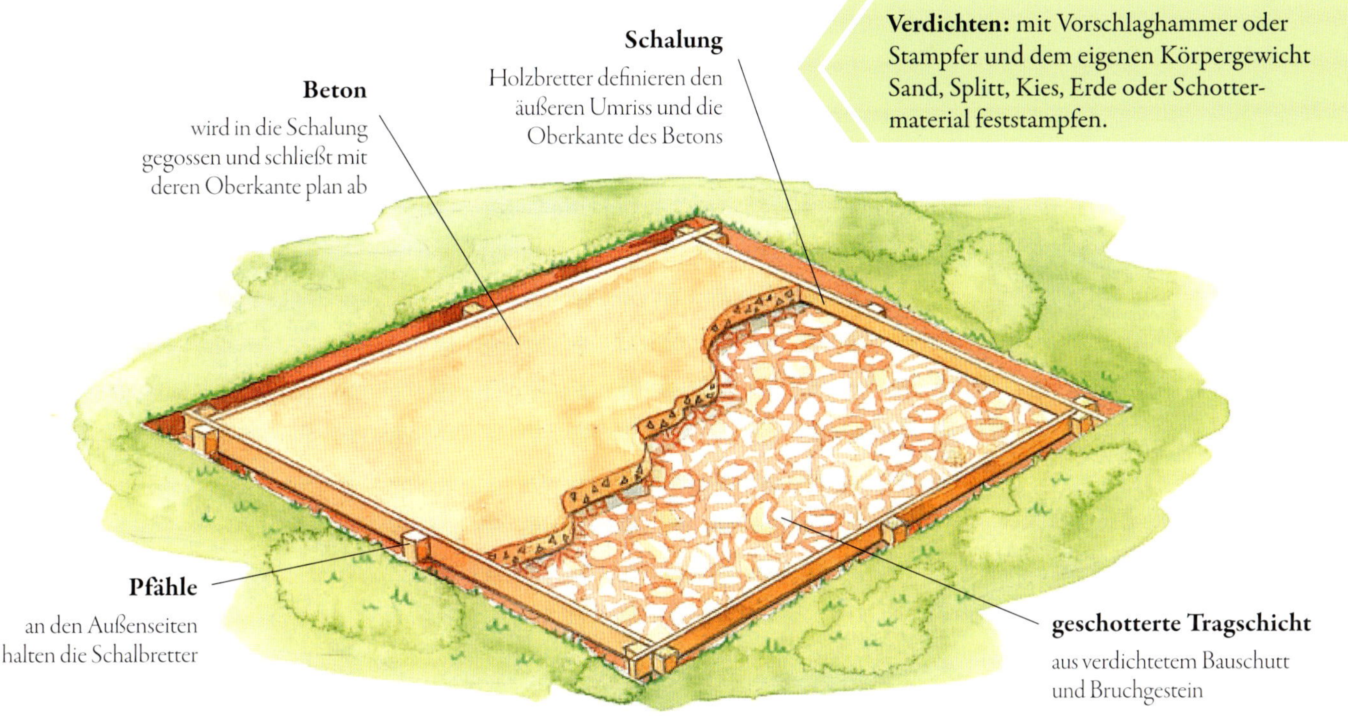

Oben: Dieses Fundament schließt bündig mit der Geländeoberfläche ab. Die Schalung bildet die Gussform für den Beton.

BEREITS EXISTIERENDE FUNDAMENTE NUTZEN

Bei kleinen Ziegelkonstruktionen kann mitunter eine bereits bestehende gepflasterte Fläche als Fundament herhalten. Vorher sollte man sich unbedingt den Unterbau ansehen, indem man ein paar Pflastersteine oder Platten heraushebt. Macht er keinen vertrauenerweckenden Eindruck, trägt man an der Stelle, auf der man etwas errichten will, den Pflasterbelag ab, hebt das darunterliegende Erdreich aus und legt ein ordentliches Fundament an, auf das man die entnommenen Steine dann wieder zurücklegt. Achten Sie darauf, dass diese mit den restlichen plan abschließen. Kleinere Unebenheiten lassen sich mit etwas zusätzlichem Mörtel unter der ersten Ziegelsteinlage ausgleichen. Größerem Gefälle (mehr als 10 mm über die Länge des Baus) begegnet man mit einer an der dünnsten Stelle mindestens 4 cm starken Ausgleichsschicht aus Beton, die auf die Pflasterung gegossen und auf deren waagerechter Oberfläche das Projekt errichtet wird.

BETON UND MÖRTEL

Beton und Mörtel sind zwei sehr wichtige Komponenten im Mauerwerksbau. Beton kommt im Fundament zum Einsatz, Mörtel hält die Mauersteine zusammen und dient als Putz. Bei beiden werden die trockenen Bestandteile einschließlich Zement mit Wasser verrührt. Hier kommt es auf das richtige Mischungsverhältnis der einzelnen Komponenten sowie auf die zugesetzte Wassermenge an. Meist genügt zum Abmessen der trockenen Bestandteile eine Schaufel.

ALLGEMEINES

Wer zum ersten Mal eine Beton- oder Mörtelmischung sieht, fragt sich vielleicht, wie das denn funktionieren soll. Aber über Nacht erstarrt die Masse – sie bindet ab – und wird allmählich immer fester, bis nach ein paar Tagen die Endfestigkeit erreicht ist. Frischer Mörtel muss weich sein wie Butter, damit er sich gut abstechen lässt, aber auch dort bleibt, wo er aufgetragen wurde, ohne zu zerlaufen oder gar zu tropfen. Die richtige Konsistenz hängt auch mit von der Saugfähigkeit der Ziegel und der Luftfeuchtigkeit am Tag der Verarbeitung ab. Wie beim Brotbacken muss man sich zwar ans Rezept halten, dieses aber pragmatisch anpassen, wenn die Umstände es erfordern. Bei trockenem Wetter sind Steine und Mörtel mit feinem Sprühnebel zu befeuchten.

BETON UND MÖRTEL ANRÜHREN

Für Mengen über 25 kg empfiehlt es sich, einen Betonmischer zu mieten.

Anmischen in der Schubkarre

1. Die benötigte Menge an trockenen Bestandteilen mit einer Schaufel abmessen und in die Schubkarre geben – zuerst den Sand oder Betonkies, dann den Zement. Die Schubkarre maximal bis zur Hälfte füllen. Alles mit der Schaufel unterheben und gründlich durchmischen.
2. Etwa drei Liter Wasser am Rand hinzugeben und kleine Mengen der trockenen Bestandteile ins Wasser ziehen. So lange wiederholen, bis die trockenen Bestandteile alles Wasser aufgesogen haben.
3. Den gesamten Haufen mehrere Male komplett umwenden, also gründlich durchmischen, und dabei immer wieder kleine Mengen Wasser hinzugeben, bis eine Konsistenz erreicht ist, bei der sich der feuchte Beton oder Mörtel in sauberen Scheiben abstechen lässt.

Oben: Mörtel lässt sich gut in der Schubkarre anmischen, die hinterher allerdings gründlich gereinigt werden muss.

Anmischen auf einer Holzplatte auf dem Boden

1. Die benötigte Menge an trockenen Bestandteilen mit einer Schaufel abmessen und auf das Brett geben – zuerst den Sand oder Betonkies, dann den Zement. Gut durchmischen, bis keine Schlieren unterschiedlicher Farbtöne mehr erkennbar sind.

Abbinde- und Aushärtezeit: Die Zeit, die Mörtel oder Beton braucht, um zu erstarren, zu trocknen und seine Endfestigkeit zu erreichen. Erst nach dieser Zeit kann er voll belastet werden.

2. In die Mitte des Haufens eine Vertiefung drücken und etwa einen halben Eimer Wasser hineingießen. Vom Rand des Kraters her kleine Mengen trockenen Materials ins Wasser ziehen. Sollte Wasser über den Kraterrand zu fließen drohen, schnell etwas mehr trockene Bestandteile an diese Stelle ziehen.
3. Den gesamten Haufen durcharbeiten. Sobald alles Wasser aufgesogen ist, weiteres zugeben, bis der Beton oder Mörtel die richtige Konsistenz hat und sich in sauberen Scheiben abstechen lässt, die unter ihrem Eigengewicht weder zerbröseln noch zerfließen.

ACHTUNG, ARBEITSSCHUTZ!
Zement und Kalk können zu starken Verätzungen an Haut und Augen führen. Immer Schutzbrille und Handschuhe tragen und nach der Arbeit Hände und Gesicht waschen.

Oben: Beim Anmischen auf dem Boden werden die trockenen Bestandteile ins Wasser in der Haufenmitte gezogen, möglichst so, dass kein Wasser über den Rand läuft.

Abziehen: feuchten Beton mit einem Brett oder einer Latte gleichmäßig verteilen, nivellieren und dabei verdichten

Glätten: die Oberfläche feuchten Betons oder Mörtels mit einem Glätt- oder Reibebrett aus Metall, Kunststoff oder Holz gleichmäßig und plan verstreichen

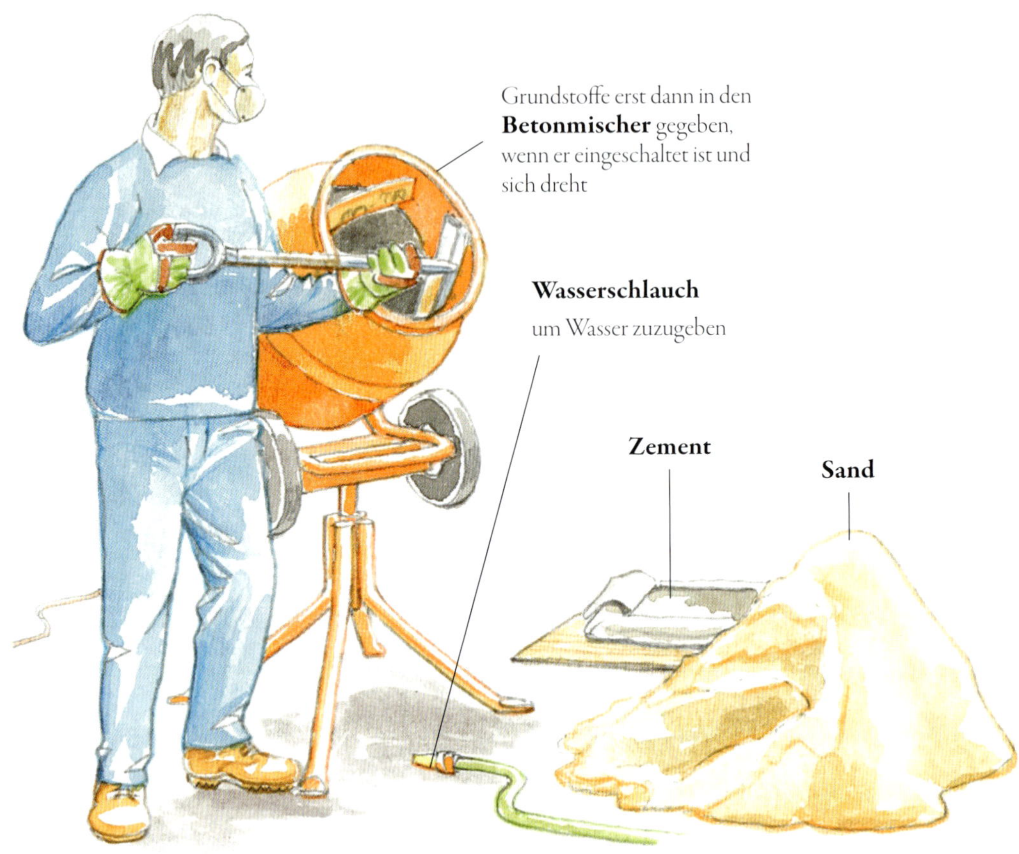

Oben: Mit einer Schaufel werden die Mengenanteile abgemessen. Beispiel: eine Schaufel (entspricht einem Teil) Zement zu vier Schaufeln (entspricht vier Teilen) Sand.

Anmischen im Betonmischer

Befolgen Sie die Hinweise des Herstellers und verwenden Sie eine Verlängerungsschnur mit Personenschutzschalter. Den Mischer einschalten, die benötigten Sand- oder Kiesanteile mit der Schaufel abmessen und direkt in den sich drehenden Mischer geben. Nicht zu voll machen; in einen kleinen Mischer passen ca. 10 bis 12 Schaufeln (Zement eingerechnet). Nun den Zement zugeben. Nach ein paar Minuten, wenn sich die Bestandteile gut vermischt haben, so lange kleine Mengen Wasser hinzugeben, bis die gewünschte Konsistenz erreicht ist (Mischungsverhältnisse siehe gegenüberliegenden Seite).

BETON UND MÖRTEL IN EIMER UND SCHUBKARRE

Sehr kleine Mengen Beton oder Mörtel mischt man am besten im Eimer an, größere in der Schubkarre. Die Gefäße nie bis zum Rand füllen – zwei halbvolle Eimer lassen sich besser handhaben als einer, der fast überläuft. Dasselbe gilt für die Schubkarre: Lieber nicht ganz voll machen und zweimal gehen, als eine randvolle Karre herumzubugsieren und bei jeder Unebenheit etwas zu verschütten. Zum Leeren der Schubkarre nimmt man wie zum Befüllen die Schaufel, bei Eimern macht sich ein kleiner Spaten oft besser.

WETTERBEDINGUNGEN

Beton und Mörtel dürfen nicht zu schnell trocknen (siehe S. 37) – je langsamer, desto besser. Außer bei kühler und feuchter Witterung sind Beton und Mörtel vor schnellem Austrocknen zu schützen. Wer bei Sommerhitze eine Mauer hochgezogen hat und buchstäblich zusehen kann, wie der Mörtel austrocknet, muss ihn unbedingt abdecken, beispielsweise mit feuchtem Zeitungspapier oder feuchtem Sackleinen, ebenso frisch gegossenen Beton, der bei sonnigem Wetter zudem ein paar Tage lang regelmäßig mit Wasser besprüht werden sollte. Auch bei zu erwartendem Nachtfrost ist Beton wie auch Mörtel zu schützen, trockenes Jutegewebe, Zeitungen oder Folie bietet sich hier an. Ebenso bei heftigen Regenfällen, da hilft allerdings nur Letzteres.

MISCHUNGSVERHÄLTNISSE FÜR BETON UND MÖRTEL

Die Mengenangaben für die Einzelbestandteile werden nach Volumen bemessen, nicht nach Gewicht, da die gleiche Menge verschiedener Materialien unterschiedlich viel wiegt. Außerdem sind Sand und Kies feucht schwerer als trocken. Die Gewichtsangaben weiter hinten bei den einzelnen Projekten sind lediglich dafür gedacht, Ihnen die Bestellung zu erleichtern. Mit der Angabe von „Teilen" wird das Verhältnis der Zutaten zueinander deutlich. Denn ob ein Teil nun einer Schaufel oder einem anderen Maß entspricht, ist unerheblich.

Beton für Fundamente

1 Teil Zement wird mit 4 Teilen Betonkies (Korngröße 0–16) vermischt und Wasser bis zu einer Konsistenz von steifem Kartoffelpüree hinzugefügt. Die 4 Teile Betonkies lassen sich durch 2 Teile Grobsand und 3 Teile groben Zuschlagkies ersetzen (falls man hiervon bereits größere Mengen hat und nicht noch extra fertig gemischten Betonkies kaufen möchte).

1 Teil Zement **4 Teile Betonkies**

Erdfeuchter Beton für Fundamente unter Pflasterbelag

Wie oben, nur dass erheblich weniger Wasser beigegeben wird – gerade so viel, dass die Bestandteile leicht angefeuchtet sind und nicht mehr stauben und die Konsistenz steif und krümelig ist. Die Mischung nimmt Feuchtigkeit aus der Luft auf und braucht mehrere Tage, um fest zu werden.

Mörtel zum Mauern und Verfugen

1 Teil Zement wird mit 4 Teilen Mauersand vermischt und Wasser bis zu einer Konsistenz von Kartoffelmus hinzugefügt. An der Wetterseite und besonders beanspruchten Stellen mischt man üblicherweise im Verhältnis 1 Teil Zement zu 3 Teilen Sand.

Erd- bzw. handfeuchter Mörtel für Pflasterfugen

Wie oben, nur dass erheblich weniger Wasser beigegeben wird (analog zu erdfeuchtem Beton).

1 Teil Zement **4 Teile Mauersand**

ZUSCHNEIDEN VON ZIEGELN, STEIN UND BETON

Ein guter Maurer zeichnet sich dadurch aus, dass er möglichst wenige Steine schneiden muss. Er ordnet sie so an, dass sich Zu- und Verschnitt in Grenzen halten. Wenn doch einmal ein Schnitt notwendig ist, sollte er präzise gesetzt werden. Will man Ziegel halbieren oder vierteln, kommen meist Breitmeißel und Fäustel zum Einsatz. Bei Betonsteinen und -platten, Fliesen oder Dachziegeln stößt diese Methode allerdings schnell an Grenzen, hier macht sich ein Winkelschleifer besser. Dachziegel, Fliesen und nicht allzu dicke Ziegelplatten lassen sich auch mit einem größeren Fliesenschneider durchtrennen.

ZIEGELSTEINE ZUSCHNEIDEN

Ziegel mit Maurerkelle oder Maurerhammer durchtrennen

Die einfachste Methode ist die mit der Maurerkelle: Ziegelstein mit einer Hand festhalten und mit der Kellenkante einen gezielten, kräftigen Schlag ausführen. Wenn Sie Glück haben, zerfällt der Ziegel in zwei Hälften. Wenn nicht, versuchen Sie dasselbe noch einmal von der anderen Seite.

Mit dem Maurerhammer funktioniert es ähnlich: Ziegel mit einer Hand festhalten – aber so, dass das abzuschlagende Ende vom Körper weg zeigt – und mit dem Meißelende des Hammerkopfes das Ziegelmaterial Stück für Stück abschlagen, bis die angezeichnete Linie erreicht ist und der Stein die gewünschte Form hat.

Steine teilen mit einem Schlag: mit der Kante einer großen Maurerkelle oder dem Meißelende des Maurerhammers einmal kräftig und gezielt auf den Ziegel schlagen, um ihn zu teilen oder zu verkleinern

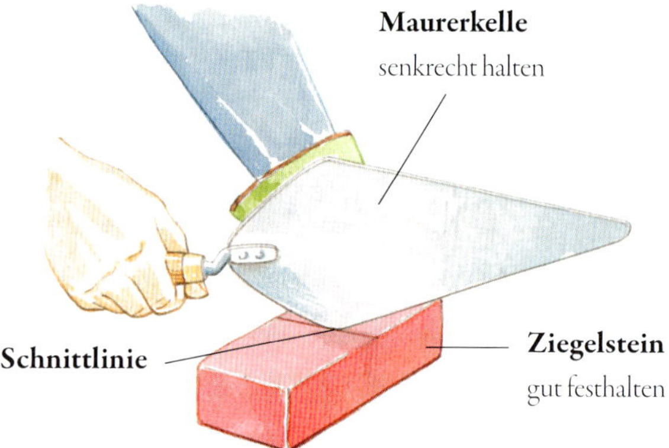

Oben: Ein kräftiger, zielgenauer Schlag mit der Kante der Maurerkelle teilt den Ziegel mittendurch.

MÖGLICHST WENIG ZUSCHNEIDEN – SO GEHT'S:

- Länge und Breite des Projekts, sei es Weg oder Mauer, so planen, dass beide durch eine Anzahl ganzer Steine (gegebenenfalls inklusive Fugenbreite) teilbar sind.
- Bei der Kombination verschiedener Materialien – Steine, Fliesen, Ziegel- oder Betonplatten – darauf achten, dass die einzelnen Maße gut miteinander kombinierbar sind.
- Keine Ziegel unterschiedlicher Formate ohne triftigen Grund kombinieren.
- Einen Pflaster- oder Mauerverband wählen, bei dem keine Steine geteilt, gedrittelt, geviertelt oder anderweitig zugeschnitten werden müssen.
- Geradlinige Grundrisse und rechtwinklige Muster wählen – nichts mit Drei-, Fünf-, Sechs- oder Achtecken.
- Wenn es unbedingt ein Pflaster- oder Mauerverband sein soll, bei dem Steine zugeschnitten werden müssen, dann wenigstens einer, bei dem sie lediglich zu halbieren sind.

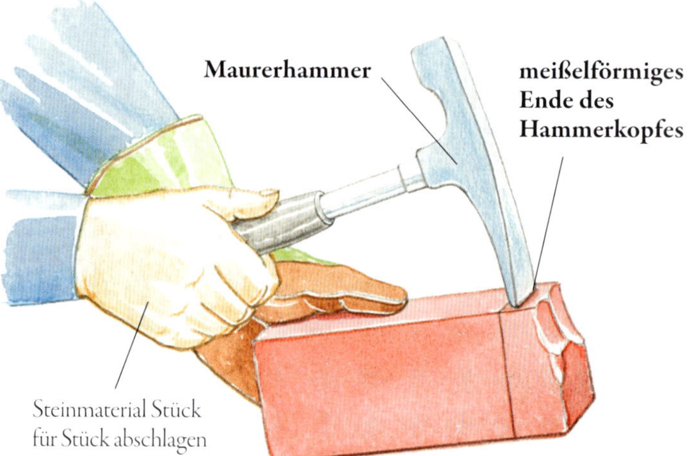

Oben: Mit mehreren Einzelschlägen wird Material stückweise bis zur angezeichneten Linie abgetragen.

Ziegel mit dem Breitmeißel durchtrennen

Weitaus exakter gelingen Schnitte mit Breitmeißel bzw. Prelleisen und Fäustel. Gerade bei kleinen Ziegelbauten kommt diese Methode mit Vorliebe zum Einsatz. Den Ziegel auf eine weiche Unterlage legen, die die Wucht des Schlags abfedert – ein Stück alter Teppich oder Gras. Schutzbrille und dicke Arbeitshandschuhe aus Leder tragen. Den Breitmeißel in eine Hand nehmen, Fäustel in die andere, die Schnittkante des Breitmeißels fest auf die Schnittlinie aufsetzen – genau senkrecht und im rechten Winkel zum Ziegel –, und ein einziger, wohlgezielter kräftiger Schlag zerteilt den Stein in zwei Hälften. Am besten probiert man die Technik vorab an ein paar alten Ziegeln aus.

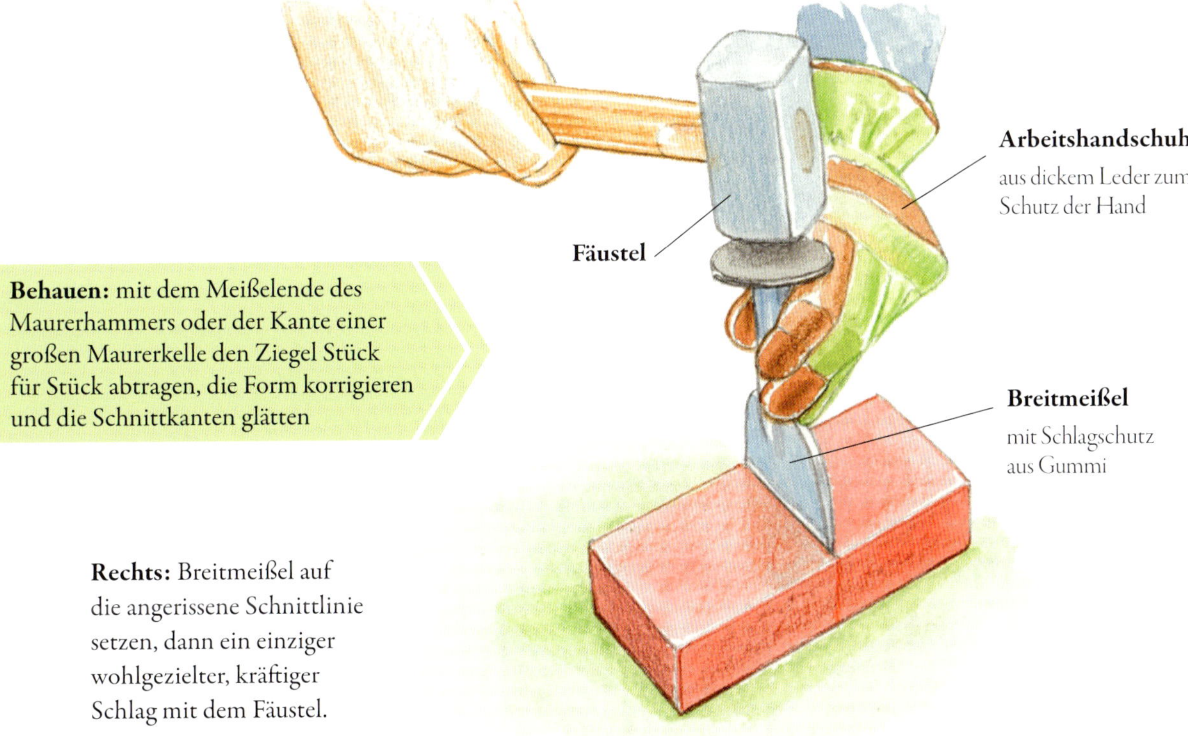

Behauen: mit dem Meißelende des Maurerhammers oder der Kante einer großen Maurerkelle den Ziegel Stück für Stück abtragen, die Form korrigieren und die Schnittkanten glätten

Rechts: Breitmeißel auf die angerissene Schnittlinie setzen, dann ein einziger wohlgezielter, kräftiger Schlag mit dem Fäustel.

Ziegel maschinell zuschneiden

Die Arbeit mit Maschinen ist nicht ungefährlich – immer die Hinweise des Herstellers befolgen und Schutzbrille, Staubschutzmaske und Arbeitshandschuhe tragen, gegebenenfalls auch Gehörschutz und Arbeitsstiefel. Ziegelsteine lassen sich mit folgenden Maschinen schneiden:

- Winkelschleifer mit Diamanttrennscheibe (siehe S. 24)
- Steinspalter, Klinkerschneider, Steinknacker: Schnittlinie auf dem Stein anzeichnen, unter die meißelförmige Schneide legen und Hebel nach unten ziehen
- Winkelschleifer mit Diamanttrennscheibe: ähnelt einem kleinen Winkelschleifer und wird genauso verwendet (siehe S. 43).
- Handkreissäge mit Steinsägeblatt: wird ähnlich verwendet wie ein Winkelschleifer
- Steinsäge: Maschine auf einer ebenen Fläche platzieren, den Ziegel so auflegen, dass die angerissene Schnittlinie mit der Markierung an der Maschine fluchtet, dann den Hebel nach unten ziehen – die rotierende Scheibe durchtrennt den Stein

FLIESEN, STEINPLATTEN UND BETONSTEINE ZUSCHNEIDEN

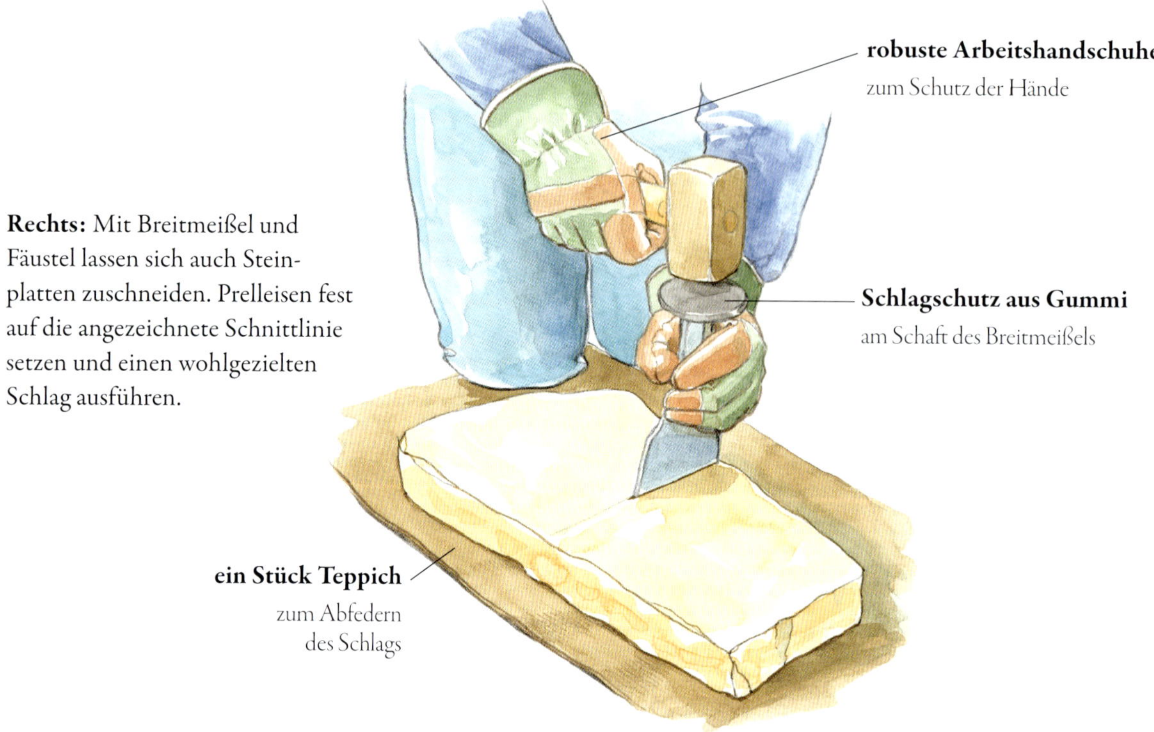

Rechts: Mit Breitmeißel und Fäustel lassen sich auch Steinplatten zuschneiden. Prelleisen fest auf die angezeichnete Schnittlinie setzen und einen wohlgezielten Schlag ausführen.

Dachziegel und Bodenkeramik

Flachziegel (z. B. Biberschwänze), Keramikfliesen und sonstige bis zu 13 mm dicke Ziegel- oder Terrakottaplatten schneidet man am besten mit einem hochwertigen Profi-Fliesenschneider. Einfach die Platte so hineinlegen, dass die Schnittlinie genau unter der Klemmhilfe bzw. Hebelführung liegt, gegen den Anschlag drücken und den Ritzhebel nach vorn schieben, so dass die Oberfläche der Platte durch das kleine Schneiderad angeritzt wird. Dann den Hebel zurückschieben, die Brechhilfe herunterklappen und voilà – die Platte bricht sauber in zwei Teile. Nach jedem Schnitt die Keramiksplitter entfernen.

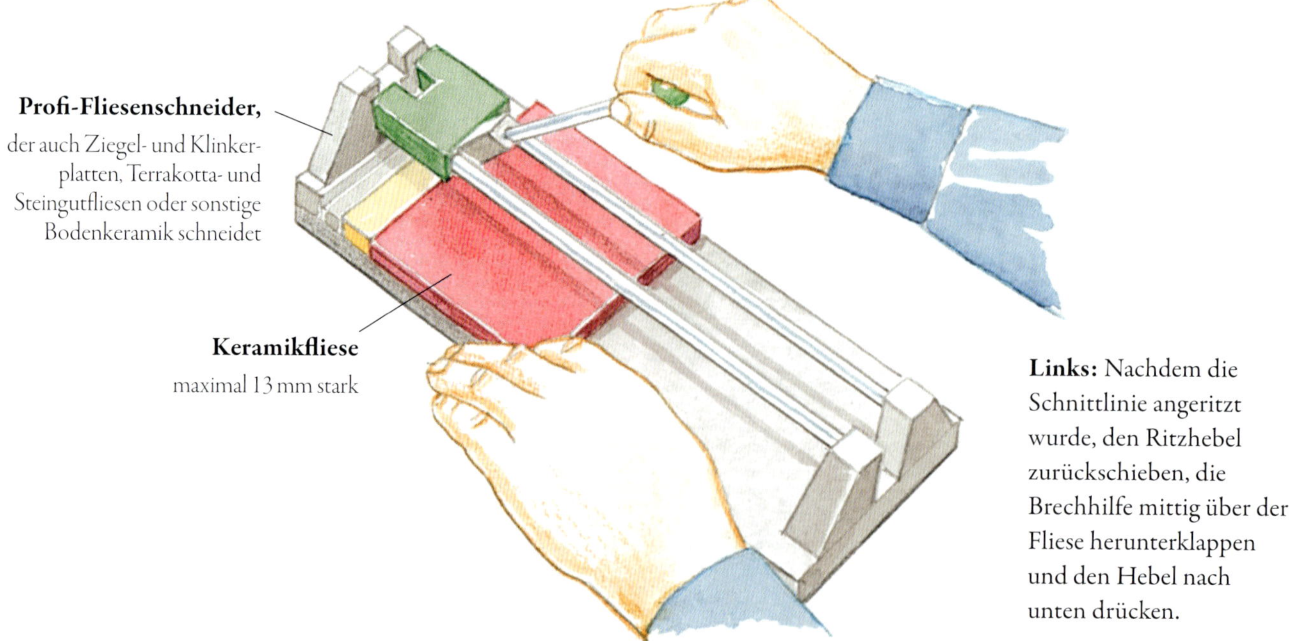

Links: Nachdem die Schnittlinie angeritzt wurde, den Ritzhebel zurückschieben, die Brechhilfe mittig über der Fliese herunterklappen und den Hebel nach unten drücken.

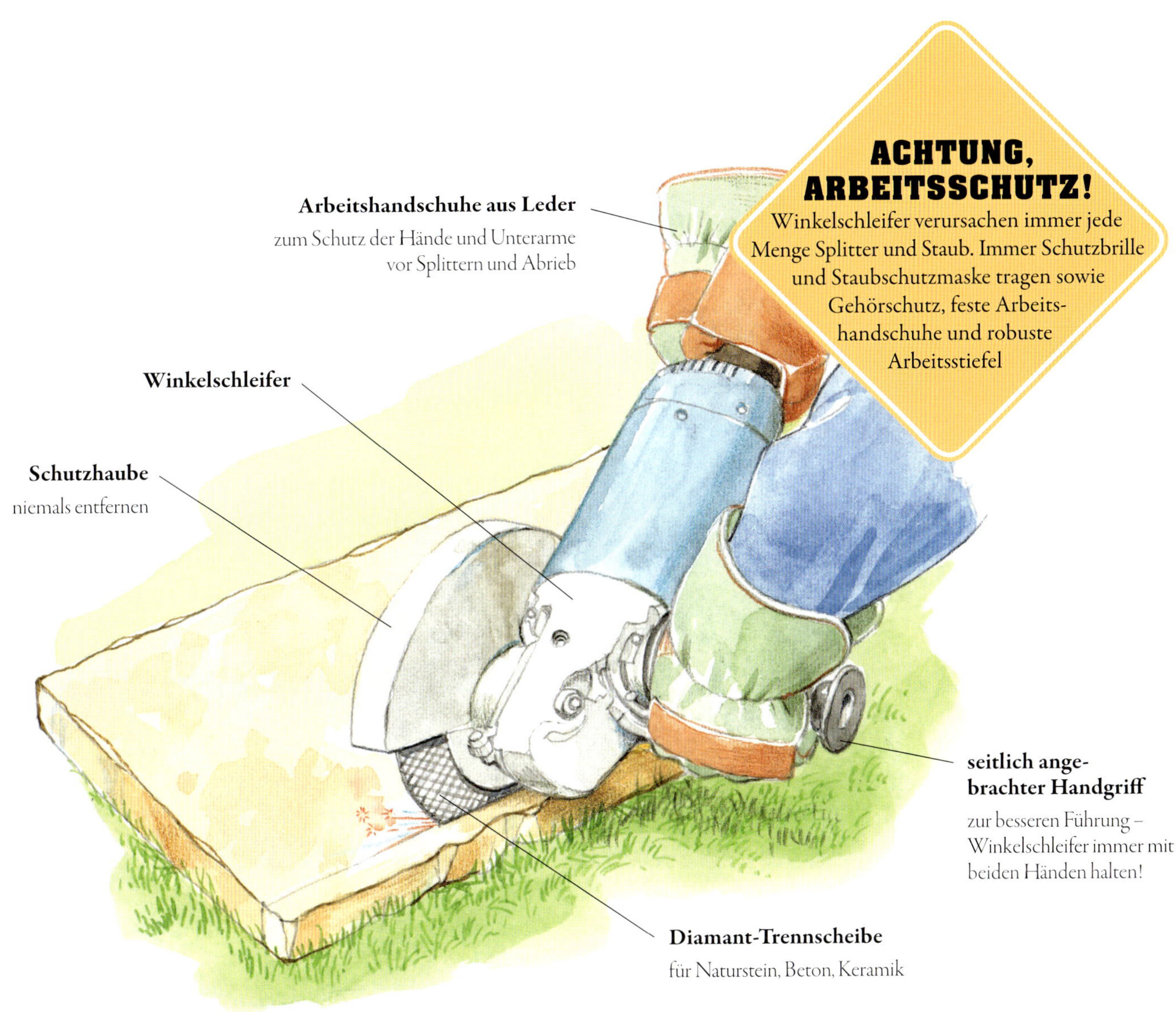

Oben: Den Winkelschleifer mit beiden Händen gut festhalten. Nicht zu nah am Körper arbeiten. Mit der rotierenden Trennscheibe nur leicht, dafür aber mehrmals über die Schnittlinie fahren, bis eine Rille entsteht.

Steinplatten und Betonsteine mit dem Winkelschleifer zuschneiden

Die Platte flach auf den Rasen legen und mit Bandmaß und Kreide die geplante Schnittlinie anzeichnen. Schutzbrille, Staubschutzmaske, Gehörschutz und Handschuhe anlegen. Den Winkelschleifer so halten, dass die Trennscheibe im rechten Winkel zum Werkstück steht. Das Gerät fest in beide Hände nehmen, einschalten und behutsam die sich drehende Scheibe nach vorn über die angezeichnete Schnittlinie bewegen, so dass eine Rille entsteht. Mehrmals wiederholen, um die Rille zu vertiefen, dann das Gerät ausschalten und die Stein- bzw. Betonplatte umdrehen. Das Gerät wieder anschalten und dasselbe auf der Rückseite wiederholen. Solange weitermachen, bis die Platte in zwei Teile zerfällt. Lieber viele flache Schnitte als einen tiefen, das schont Werkzeug und Werkstück. Immer darauf achten, dass weder die Geräteschnur noch der eigene Körper der sich drehenden Trennscheibe zu nahe kommen. Ein Verlängerungskabel mit Personenschutzeinrichtung zwischenschalten.

MAUERN SETZEN

Das Mauern hat etwas unglaublich Beruhigendes, ja beinahe Therapeutisches. Aber natürlich nur, wenn alles gut vorbereitet ist – die Mauerziegel bequem in Reichweite, der Mörtel angerührt. Nur so stellt sich ein gewisser Arbeitsrhythmus ein, durch nichts unterbrochen. Das ist alleine zu schaffen, aber wenn einem jemand hilft und für Nachschub an Steinen und Mörtel sorgt, umso besser.

MAUERREIHEN PLANEN

Gerade Wände und Kastenformen

Zunächst wird die erste Steinreihe probehalber mit jeweils 10 mm Fugenraum trocken (also ohne Mörtel) ausgelegt. Obacht bei Kastenformen, da geht es mehrmals um die Ecke. Auch die zweite Steinreihe wird trocken ausgelegt, wobei die vertikalen Stoßfugen natürlich nicht übereinander liegen dürfen, sondern um eine halbe Steinlänge versetzt sind. Wenn sich diese fugenversetzte Anordnung klug durchs gesamte Bauwerk zieht, braucht man keine Steine zu zerschneiden.

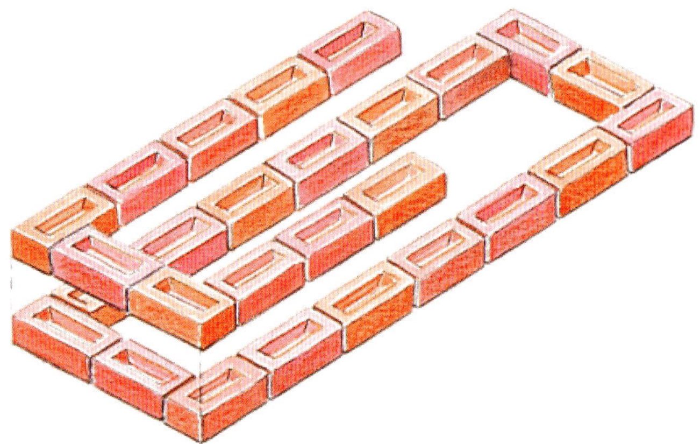

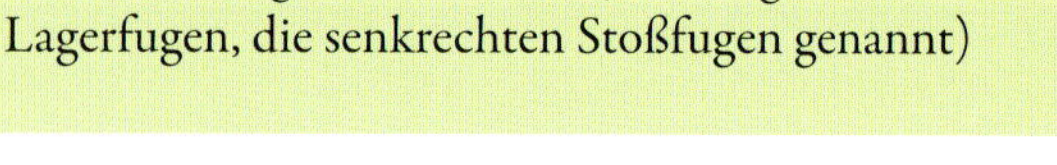

Aufmauern: Steine reihenweise übereinanderschichten mit Mörtelfugen dazwischen (die waagerechten werden Lagerfugen, die senkrechten Stoßfugen genannt)

Oben: Die ersten beiden Steinreihen probehalber ausgelegt, die Stoßfugen um jeweils einen halben Stein versetzt.

Kreise, Kurven, Bögen

Sagen wir mal, Sie möchten eine Kreisform im Radius von 1 m mauern. Dazu verbinden Sie zwei Holzpflöcke so mit einer Schnur, dass der Abstand 1 m beträgt. Einen Pflock in den Boden schlagen, mit dem anderen den Kreis markieren (siehe S. 34). Nun die Mauerziegel ohne Mörtel entlang der Kreislinie auslegen. Wenn der Kreis geschlossen ist, eventuell die Lücken rundherum nachjustieren, so dass alle Steine gleichmäßig verteilt sind – wer möchte, kann das Ganze im Vorfeld auch maßstabsgerecht auf Papier planen. Je nach Radius kommt man mit halben Steinen oft besser hin. Oder man stellt die Ziegel hochkant. Auch bei Mauerbögen sollte man vorab die Steine zur Probe trocken auf die Bogenlehre stellen, um zu sehen, ob und wie alles passt.

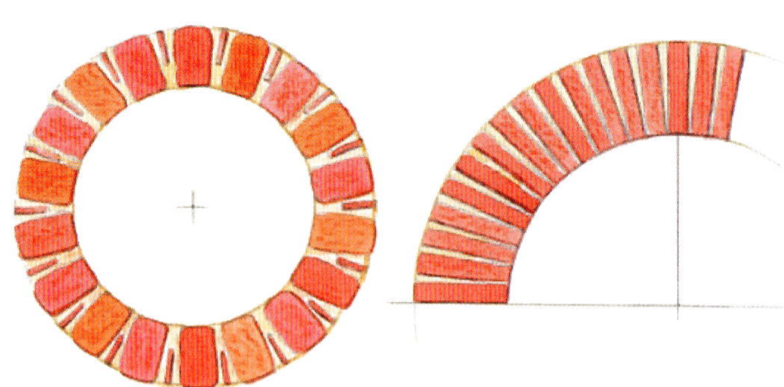

Oben: Halbe Steine im Wechsel mit kleinen Ziegelplatten (links) und ganze Ziegel hochkant auf die Längsseiten gestellt (rechts).

ZIEGEL VERMAUERN – SO WIRD'S GEMACHT

Rechts: Den Ziegel mit Bedacht ins Mörtelbett setzen und mit dem Griff der Maurerkelle vorsichtig dagegenklopfen, um ihn auszurichten.

Einbetten: einen Stein oder eine Platte waagerecht wie senkrecht exakt ausgerichtet in eine Schicht aus feuchtem Mörtel setzen

Den Verlauf der ersten Steinreihe festlegen

Um die geplante Mauerkante zu markieren, schlägt man an beiden Enden des Betonfundaments zwei Pflöcke ein und spannt dazwischen ein paar Millimeter über dem Beton und parallel zu diesem straff eine Schnur, die dann mit Kreide eingerieben wird. Wenn sie den geplanten Verlauf der Mauer exakt abbildet, hebt man sie zwischen Daumen und Zeigefinger an und lässt sie zurückschnipsen, wodurch sich auf dem Beton eine Kreidelinie bildet, an der man nun entlangmauern kann. (Alternativ kann eine sog. Schlagschnur oder Markierschnur zum Einsatz kommen, die bereits mit Kreidestaub versehen ist, wenn man sie aus dem Gehäuse zieht).

Rechts: Mörtel kann auf unterschiedliche Weise aufgetragen werden. Die hier gezeigte Methode ist nur eine von vielen, eignet sich aber gut für Anfänger.

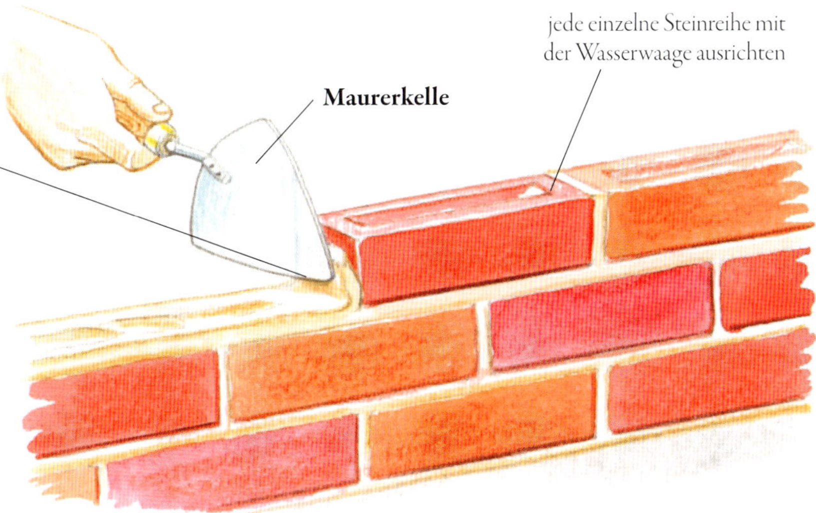

Bestreichen: mit einer Maurerkelle feuchten Mörtel auf Mauerziegelflächen auftragen

Mörtel auftragen

Über eine Länge von ca. 30 cm wird eine ca. 12 mm dicke Mörtelschicht verteilt und über die gesamte Länge mit der Spitze der Maurerkelle eine Vertiefung hineingeritzt. Nun den ersten Mauerziegel hineinsetzen und mit dem Griff der Maurerkelle festklopfen, so dass überschüssiger Mörtel herausquillt, bis die Fuge letztlich nur noch ca. 10 mm dick ist. Mit der Kellenspitze überschüssigen Mörtel als vertikale Stoßfuge an die Stirnseite des gesetzten Steins schieben, dort verstreichen und den nächsten Stein setzen. So geht es weiter, bis die Steinreihe fertig ist. Jede Reihe ist bezüglich ihrer Höhe nachzumessen und auszurichten. Die Wasserwaage wird senkrecht, waagerecht und diagonal angelegt, um zu kontrollieren, ob alles fluchtet (siehe S. 20).

HILFSMITTEL FÜR EXAKTE FUGENSTÄRKE

Wer beim Hochziehen einer Mauer Schwierigkeiten hat, die Mörtelschichten bzw. Lagerfugen gleichmäßig dick hinzubekommen, dem hilft eine Mauerwerks- oder Fugenlehre. Das ist eine Latte, auf der über die gesamte Länge abwechselnd die Höhe der Steine (z. B. 71 mm bei NF, 65 mm bei WDF) und der Lagerfugen (10 mm) angezeichnet ist (bitte nachmessen, welches Format die von Ihnen verwendeten Steine tatsächlich haben). Man stellt sie einfach senkrecht an die zu errichtende Mauer und überprüft immer wieder, ob die Fugen wirklich genau 10 mm dick sind. So kann sofort nachjustiert werden, indem man hier ein bisschen stärker auf den Stein klopft oder da mehr Mörtel aufträgt.

Niemals nachlässig sein! Wer unsauber arbeitet und meint, Ungenauigkeiten später ausgleichen zu können, der irrt. Beim Mauern ist gleichbleibend präzises Arbeiten gefragt – jeder einzelne Stein muss korrekt ausgerichtet sein.

EINEN STANGENZIRKEL VERWENDEN

Ein Stangenzirkel kommt zum Einsatz, wenn kreisrunde Bauwerke oder geschwungene Mauern entstehen sollen, die auf Kreisbögen basieren. Er besteht aus einer Holzlatte als Zirkelarm bzw. Zirkelstange, die an einem Ende mit einer Bohrung versehen ist, einem Holzklotz in Ziegelstärke als Auflage für den Zirkelarm sowie einem Stück Sperrholz als Unterlage für den Auflageklotz und die Ziegelsteine, die um diesen herum angeordnet werden, damit er nicht wegrutscht. Der Zirkelarm dreht sich um einen Nagel im Auflageklotz. Nun wird jeder Ziegelstein so ausgerichtet, dass er genau auf den Kreismittelpunkt zeigt und das Ende des Zirkelarms gerade so berührt. Oder man bringt eine U-förmige Hohlform in Größe eines Ziegelsteins am Ende des Zirkelarms an, mit deren Hilfe sich der Ziegel exakt rechtwinklig zum Zirkelarm ausrichten lässt. Derartige Hilfsmittel für den Bau kreisrunder Mauern gibt es übrigens auch noch in anderen Ausführungen.

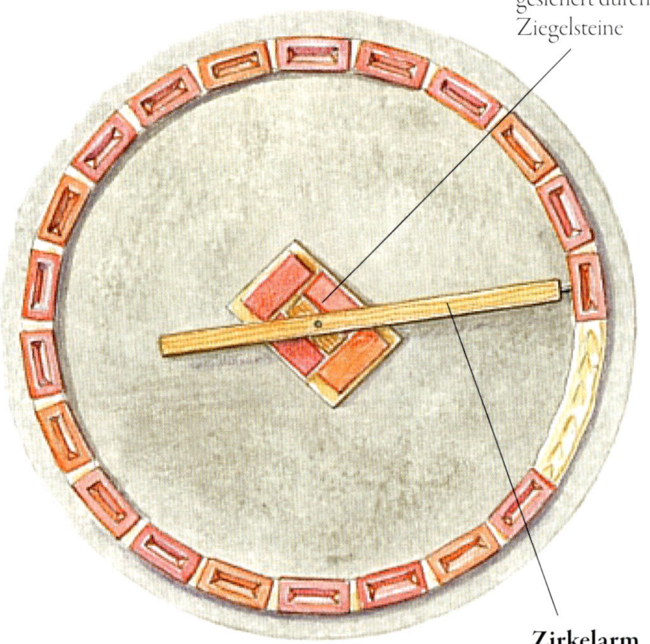

Oben: Hier wurde ein Nagel mittig in die Stirnseite des Zirkelarms geschlagen, der beim Verlegen auf die Mitte des jeweiligen Ziegelsteins zeigt.

TIPPS ZUR FEHLERVERMEIDUNG

- Bei Trockenheit entziehen saugfähige Ziegel dem Mörtel das Wasser besonders schnell – daher besonders an heißen Tagen die Steine anfeuchten oder wässern.
- Aus den Fugen quellenden überschüssigen Mörtel nicht sofort abwischen, denn das gibt Flecken. Lieber etwas warten, bis die Ziegel die Feuchtigkeit aus dem Mörtel aufgesogen haben, und dann mit der Maurerkelle abkratzen.
- Für Fugenmörtel keinen Grobsand, verunreinigten Sand oder alten, überlagerten Zement verwenden, sondern immer Mauersand und neuen, frischen Zement.
- Mörtel niemals an Kelle oder Wasserwaage eintrocknen lassen – Werkzeug etwa alle halbe Stunde abwaschen.

Wässern: Ziegel vor Beginn der Arbeit befeuchten, da trockene Steine das Wasser aus dem Mörtel zu schnell aufsaugen

VERFUGEN

Beim Verfugen geht es darum, beim Aufmauern nur grob geratene Mörtelfugen zu verfüllen und ihnen, besonders bei Sichtmauerwerk, eine ansehnliche Form zu geben. Es gibt vier Grundprofile: nach innen gekehlt (konkav), nach außen gewölbt (konvex), glatt (bündig abschließend) und gekippt (einseitig nach innen abgeschrägt). Entweder wird die Fuge gleich beim Setzen der Steine ausgeformt (funktioniert bei nassem, sehr breiigem Mörtel nicht) oder nachträglich verfugt, wenn die Wand bereits steht.

Bei gekehlten Fugen wird der Mörtel mit dem Kellengriff o. Ä. ausgeformt bzw. ausgekratzt. Das passt besonders zu rustikalen Gartenmauern aus alten Ziegeln und gelingt am besten, wenn man am Ende des Arbeitstages mit der Spitze der Fugenkelle mit Schwung den überschüssigen Mörtel aus der Fuge fegt.

Eine aufgewölbte Fuge entsteht, indem man den Mörtel von beiden Seiten zur Mitte der Fuge hin zusammenschiebt. Bei bündigen Fugen wird der Mörtel mit dem Kellenrand plan abgezogen, bei gekippten die Kelle schräg angesetzt.

Auskratzen: mit der Maurer- oder Fugenkelle einen Teil des Mörtels aus den Fugen schaben, so dass die Kanten der Mauerziegel deutlich hervortreten

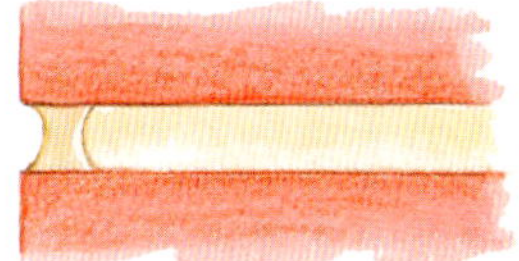

ausgekratzte, gekehlte Fuge

gewölbte Fuge, in extremer Ausführung auch Wulstfuge genannt

glatt ausgeführte, bündige Fuge

gekippte, abgeschrägte Fuge

Verfugen: Fugen mit Mörtel auffüllen und mit einer Maurer- oder Fugenkelle, dem Kellengriff oder einem anderen Werkzeug glattstreichen oder ihnen eine besondere Form geben

Links: Die Zwischenräume zwischen den Ziegeln werden sauber mit Mörtel ausgefüllt, den man mit dem Kellenrand hineinschiebt. Eine gekonnte Wölbung nach außen ist so etwas wie die hohe Schule der Maurerkunst und gelingt, indem man den Mörtel von beiden Seiten her zur Fugenmitte schiebt. Anstelle einer runden Wulst läuft sie hier links im Bild spitz zu – eine sog. Dreiecks- oder Dachfuge.

ETWAS IN DIE FUGEN STECKEN

Früher sahen Ziegelmauern weitaus unregelmäßiger aus als heute, denn handgestrichene Ziegel waren oft unterschiedlich dick, was man durch viel breitere Fugen auszugleichen suchte. In manchen Gegenden war es verbreitet, Kieselsteine oder Bruchstücke von Dachziegeln hineinzustecken. Um beim Mauern von Bögen die Steine nicht keilförmig zuschneiden oder abschleifen zu müssen, hat man den breiteren Teil der Fugen ebenfalls mit Dachziegelfragmenten ausgefüllt. In manchen Küstengegenden war es üblich, Muscheln hineinzustecken. Einige Baumeister gingen so weit, Fugen mit speziell geformten Ziegelornamenten zu verzieren.

MAUERWERKSVERBÄNDE UND MUSTER

Das Muster, das beim Aufmauern zu einer Wand oder beim Verlegen zu einer Terrasse oder einem Weg entsteht, wird als Verband bezeichnet. Das Geheimnis der Stabilität einer Mauer liegt in den Fugen: Die vertikalen Stoßfugen müssen immer versetzt sein, dürfen nicht übereinander liegen – sonst fällt die Wand auseinander. Durch dieses Versetzen entsteht ein Muster, das den jeweiligen Verband charakterisiert. Es gibt zahlreiche unterschiedliche Verbände, die meisten haben eine lange Tradition. Achten Sie beim nächsten Spaziergang mal darauf!

EINFACHE ZIEGELVERBÄNDE

Drei Klassiker sind der Läuferverband, der Blockverband und der Flämische Verband. Beim Läuferverband werden alle Steine in Längsrichtung, also mit der Läuferseite nach außen verlegt. Entsprechend dünn sind (bei einreihiger Ausführung) diese Mauern – nur eine Ziegelbreite bzw. eine halbe Ziegellänge dick. Sie sollten daher nicht allzu hoch sein, bieten sich aber bei der Ummauerung von Hohlräumen an.

Beim Blockverband wechseln sich Läufer- und Binderschichten ab (mit Binder bezeichnet man die Kopf- oder Stirnseite des Steins, siehe S. 27), ein Binder liegt immer genau mittig über dem darunterliegenden Läufer, der nächste über einer Fuge.

Der Flämische Verband besteht aus Schichten, bei denen sich Binder und Läufer jeweils abwechseln. Binder und Läufer jeder zweiten Reihe liegen genau übereinander, die Mittellinien übereinanderliegender Läufer und Binder fluchten. Es gibt zahllose weitere Verbände, von denen unten einige wenige abgebildet sind.

Läuferverband

Blockverband

Flämischer Verband

BESONDERE MAUERVERBÄNDE

englischer Gartenmauerverband

Binder- oder Kopfverband

flämischer Gartenmauerverband

durchbrochener Verband

MUSTER

Gemauerte Muster

Mit verschiedenfarbigen Ziegeln lassen sich ebenso Muster erzeugen wie mit hervorstehenden oder zurückgesetzten Ziegeln. Beispielsweise Rautenmuster, die sich, egal ob groß oder klein, über die gesamte Mauerfläche ziehen und gerade in England eine lange Tradition haben. Auch die Anordnung der Ziegel kann in regelrechten Mustern erfolgen, Beispiel Fischgrät, oder in Kombination mit den Seiten- oder Stirnseiten von Flachziegeln.

Rautenmuster aus dunkleren Ziegeln

Rautenmuster aus helleren Ziegeln

Verlegemuster für Terrassen und Wege

Terrassen und Wege werden ebenfalls im Verband verlegt, ähnlich wie Mauerwerk. Auch hier sind Muster durch unterschiedliche Ziegelfarben oder die Anordnung der Steine möglich. Da aber ein Pflasterbelag mit fluchtenden Fugen im Gegensatz zur Mauer nicht einstürzt, sind viel mehr Muster und kreative Lösungen möglich – die Verwendung unterschiedlich dicker Ziegel oder Spielereien mit anderen Materialien wie Muscheln, Kieseln oder Bruchsteinen eingeschlossen.

Band im Fischgrätmuster

Band aus schräg gestellten Dachziegeln

WÄNDE UND ANDERE GEMAUERTE FORMEN

Backsteinmauern sieht man ja nun allerorten, aber achten Sie beim nächsten Spaziergang mal auf Bögen, Säulen, Pfeiler und dergleichen – sie sind der eigentliche Blickfang, sie lassen eine gewöhnliche Mauer zu etwas Besonderem werden, weil Funktionales eine Symbiose eingeht mit Schönem. Die einfachsten Mauern sind nur einen Stein breit, zwei oder drei Steinreihen hoch und werden auf ein bereits bestehendes Fundament gesetzt. Ein Mörtelbett unter der ersten Reihe genügt und man braucht nur wenige Steine zu halbieren.

WÄNDE MAUERN

Stützpfeiler

Wer eine freistehende, mehr als drei Steinreihen hohe Mauer plant, muss bedenken, dass Standsicherheit nur auf einem Fundament aus einer verdichteten Schotterschicht und Beton gewährleistet ist, und wenn ca. alle zwei Meter ein Stützpfeiler vorgesehen wird. Das gilt für Mauern, die so dick sind wie zwei Ziegelbreiten bzw. wie eine Ziegellänge. Soll die Mauer aus Kostengründen nur einreihig im Läuferverband errichtet werden, also nur eine Ziegelbreite dick sein, sind sogar noch mehr Stürzpfeiler nötig, nämlich im Abstand von ca. einem Meter.

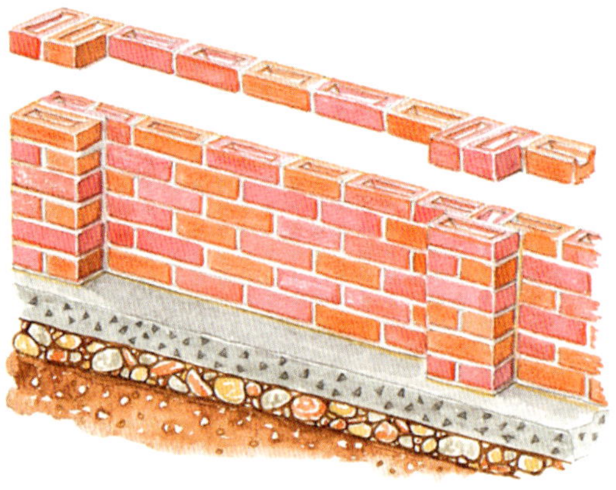

Oben: Diese Mauer ist einreihig und damit nur eine Ziegelbreite stark, wird aber in regelmäßigen Abständen von Stützpfeilern gehalten.

Mauerecken, -winkel und sich kreuzende Mauern

Sobald eine Mauer die Richtung wechselt, also um eine Ecke führt, ändert sich zwar die Laufrichtung der Steine, der Mauerverband an sich wird jedoch beibehalten.

Gefälle und abschüssiges Gelände

Bei geringem Gefälle hebt man einen tiefen Fundamentgraben aus, gießt eine ebene Betonschicht unterhalb Bodenniveau und setzt die Mauer darauf. Bei starkem Gefälle muss das Betonfundament im Graben treppenförmig angelegt werden. Die einzelnen Betonstufen müssen genauso hoch sein wie ein Ziegelstein (siehe Abb. rechts unten).

Oben: Eine Mauer am Hang braucht ein abgetrepptes Betonfundament.

Geschwungene Mauern

Bei großen Kurvenradien genügt es, die Ziegel an der Innenseite enger aneinander und an der Außenseite weiter auseinander zu setzen, so dass die Fugen die Form von Keilen haben. Bei engen Kurvenradien nimmt man ähnlich wie beim Aufmauern von Bögen entweder halbe Steine oder stellt die Ziegel hochkant zu Roll- oder Grenadierschichten.

Mauerkrone

Die Mauerkrone funktioniert wie ein Hut – sie leitet das Regenwasser ab, so dass es weder von oben in die Mauer eindringt noch die Mauerfläche durchnässt. Sie erfüllt aber auch einen dekorativen Zweck und krönt die Mauer im buchstäblichen Sinne.

ANDERE BAUTEN

Kastenförmige Gebilde

Grundriss und Verband sind so zu planen, dass die Steine an den Ecken zwar die Richtung um jeweils 90 Grad ändern, aber der Verband weiterläuft.

Säulen

Bei sehr einfachen freistehenden Säulen oder Pfeilern mit kleinstmöglichem quadratischen Grundriss sind die Ziegel von Reihe zu Reihe um 90 Grad versetzt, (siehe nebenstehende Abb. links). Wertiger und etwas größer in der Grundfläche wird es mit jeweils einem Läufer neben einem Binder und das Ganze natürlich ebenfalls von Reihe zu Reihe fugenversetzt (siehe nebenstehende Abb. rechts).

Oben: Minimalausführung einer Säule mit zwei paarweise angeordneten Steinen pro Reihe, jeweils um 90 Grad versetzt

Oben: kunstvollere Variante mit vier Steinen pro Reihe, jeweils um einen halben Stein versetzt

Bögen

Kleinere Bögen im Garten mauert man entweder aus halbierten Steinen oder als Rollschicht aus ganzen Steinen, die hochkant auf die Läuferseite gesetzt werden. In beiden Fällen bilden also Ziegelschmalseiten die Bogenlaibung, einmal die kürzere Binder- und einmal die längere Läuferseite.

Oben und unten: Ganze Ziegel als Rollschicht auf die Läuferseite gesetzt

Oben: Schmale, einreihige Mauer im Läuferverband mit Bogen aus Halbsteinen

TERRASSEN, WEGE, STUFEN

Terrassen, Wege und Stufen sind kein Luxus, sondern gehören zum Alltag. Warum also nicht das Nützliche mit dem Schönen verbinden und sie aus Ziegeln oder Klinkern bauen, die sich in attraktiven Mustern verlegen lassen? Ob nun die Terrasse zum gemütlichen Sitzen hinterm Haus, der funktionale Gartenweg oder die kurze Treppe, die zur Haustür führt – Ziegel sind immer dekorativ. Alte umso mehr, sie haben Charakter und einen ganz eigenen Charme.

TERRASSEN UND WEGE ANLEGEN

Terrassen

Jede Terrasse braucht einen Unterbau oder ein Fundament, damit sie nicht absackt, und eine Randbefestigung, damit die Steine am Rand nicht wegkippen – beides in Aufbau und Belastbarkeit abgestimmt auf die Bodenbeschaffenheit, das Gewicht des Pflasterbelags und die beabsichtigte Nutzung. Bei festem, trockenem, steinigem Boden kann der Unterbau minimal gehalten werden. Nasser und weicher Untergrund hingegen verlangt nach Beton über einer geschotterten Tragschicht mit Drainagefunktion sowie eine besonders solide Randbefestigung.

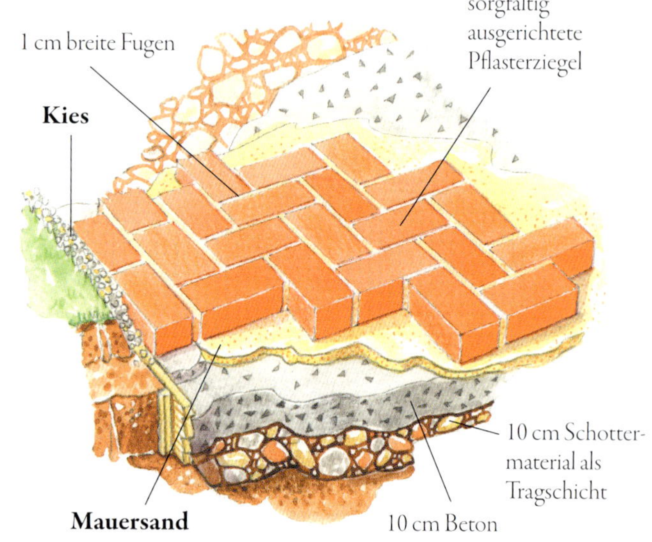

Oben: Ein Terrassenfundament mit Schalung, die in der Erde verbleibt

Wege

Da ein Weg meist stärker beansprucht wird als eine Terrasse, muss der Unterbau tiefer und die Randbefestigung stabiler ausfallen. Letztere wird bestimmt durch den Gartenbereich, durch den der Weg führt (Rasen, Blumenbeet etc.) und entsprechend unterschiedlich angelegt.

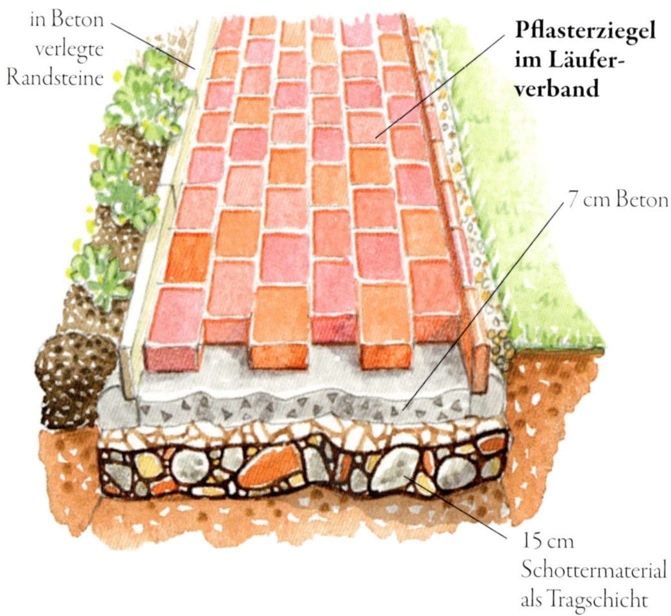

Oben: Wegfundament mit besonders tiefer Schotterschicht

VERLEGEMUSTER FÜR TERRASSEN UND WEGE

Läuferverband

Ellbogenverband

Variante des Parkettverbands

Verband aus Läufer- und Binderreihen

Variante des Parkettverbands mit je 3 Steinen pro Block

Fischgrätverband

TREPPENSTUFEN ANLEGEN

Stufen im Garten

Höhe (Setzstufenmaß) und Trittstufentiefe sind wichtig. Stufen sollten nicht höher als 23 cm und nicht niedriger als 6 cm sein, ein gutes mittleres Maß liegt bei 15 cm. Die Tiefe, also das Maß vom vorderen zum hinteren Rand, sollte 30–40 cm betragen. Auf festem Untergrund benötigt eine einzelne Stufe lediglich einen Unterbau aus verdichtetem Schottermaterial. Bei weichem Boden und wenn drei oder mehr Stufen gebaut werden, sollte die unterste Stufe mit ca. 13 cm verdichtetem Schotter plus ca. 13 cm Beton unterfüttert werden.

Auch eine Türstufe wird stark beansprucht und erfordert ein Fundament aus 10 cm Beton auf 10 cm verdichtetem Schottermaterial.

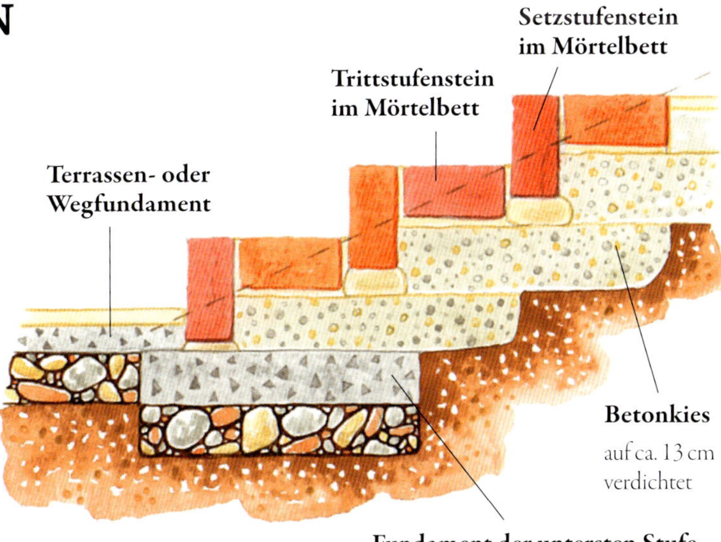

Oben: Soll die Treppe besonders belastbar und tragfähig werden, muss jede Stufe wie die erste mit Beton und verdichtetem Schotter unterfüttert werden, Betonkies genügt dann nicht.

DER LETZTE SCHLIFF UND DIE PFLEGE VON BACKSTEIN

Aus einem Stapel Ziegelsteine, einem Haufen Sand und vielen Säcken Zement entstehen relativ fix Mauern, Wege, eine Terrasse und andere Gebilde – die nach getaner Arbeit gereinigt werden müssen. Gelegentlich braucht Backstein auch Pflege. Um Frostschäden vorzubeugen, sollte Pflanzenbewuchs vermieden und sollten Hohlräume ausgefüllt werden.

REINIGEN DER ZIEGEL NACH BEENDIGUNG DER ARBEIT

Oben: Mit der Drahtbürste immer schräg zum Fugenverlauf über die Steine schrubben, um keinen Mörtel herauszulösen.

Einfaches Abbürsten

Wer beim Aufmauern und Verlegen sauber arbeitet, wer nicht herumkleckst und keinen Mörtel auf der Schauseite verschmiert, muss nicht viel putzen. Nachdem der Mörtel über Nacht abgebunden hat, lassen sich kleinere Spritzer hier und da mit einem Stock oder Spatel aus Holz und einer Drahtbürste abkratzen. Obacht, dabei nicht über die Fugen, sondern nur über die Steine streichen.

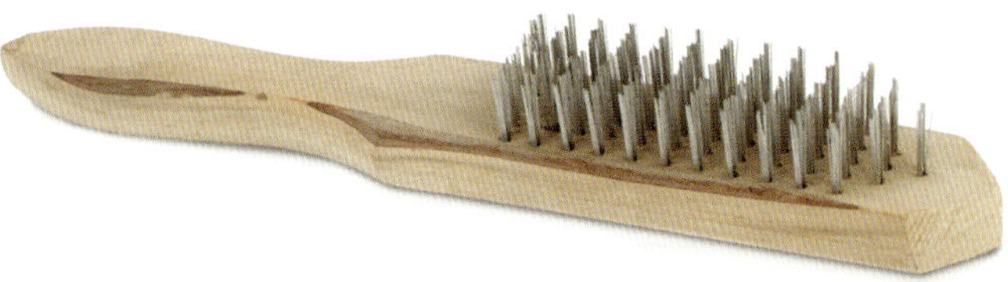

Chemische Reiniger

Manche Arten von Ziegelsteinen lassen sich mit speziellen Chemikalien reinigen, die aufzusprühen oder mit dem Pinsel aufzutragen sind – allerdings nur, wenn vom Hersteller ausdrücklich empfohlen! Denn derlei Reiniger können Steine, für die sie nicht ausgelegt sind, auch erheblich schädigen.

Salze und Ausblühungen

Auf Ziegeln bilden sich je nach Art mitunter weißliche pulverartige Beläge, Schleier, Ausblühungen. Entweder man akzeptiert sie, bürstet sie trocken ab oder wäscht sie mit Essig oder einem Spezialreiniger herunter. Auch bei Pflastersteinen und Gehwegplatten aus Kunststein und Beton kann es zu Ausblühungen kommen, die jedoch durch Wind, Regen und Gebrauch meist von selbst wieder verschwinden. Bei hartnäckigen Kalk- oder Salzausblühungen kann man auch zu Spezialreinigern greifen – aber bitte immer abgestimmt auf das Material, sei es nun Ziegel, Beton oder Naturstein.

TIPPS ZUR FEHLERVERMEIDUNG

- Mörtel nicht berühren, solange er noch feucht ist. Mit der Reinigung bis zum nächsten Tag warten.
- Mörtelkleckse nicht steinhart werden lassen, ehe man sie wegputzt.
- Keinen Mörtel aus den Fugen waschen.
- Beim Abwaschen der Ziegel darauf achten, dass Mörtelrückstände keine Grauschleier bilden.
- Viele chemische Spezialreiniger sind sehr aggressiv. Ziegel nicht mit Chemikalien behandeln, die der Hersteller nicht ausdrücklich empfiehlt.

Abbürsten: eingetrockneten Mörtel mit der Drahtbürste von der Ziegelschauseite z. B. einer Mauer, eines Wegs oder einer Terrasse schrubben

PFLEGE VON ZIEGELN

Ziegelbauten erfordern eigentlich keinen oder nur wenig Pflegeaufwand, und das viele Generationen lang. Allerdings treten mitunter Probleme auf: Minderwertige Ziegel zerbröseln, der Frost fordert Tribut, Ziegel reißen (Risse sind meist ein Zeichen für schlecht ausgeführte Fugen – wie man die Sache wieder in den Griff bekommt siehe unten). Fugen erodieren relativ schnell, wenn die Mörtelmischung schlecht dosiert war, oder nach Jahren rauen und feuchten Wetters.

Neu verfugen

Beim Neuverfugen werden die Teile des alten Mörtels zwischen den Steinen ersetzt, die der Zahn der Zeit hat herausbröckeln lassen. Bevor neuer Mörtel eingebracht wird, muss der alte meist ausreichend tief (12–15 mm) herausgekratzt oder gemeißelt werden. Immer erst an einer unauffälligen Stelle probieren, ob die Farbe des neuen Mörtels der alten nahekommt. Zum Schluss die Fugen wie beim Erstverfugen versäubern und entsprechend ausformen (siehe S. 47).

Ziegel ersetzen

Sofern ein passender Austauschziegel zur Hand ist, wird der lädierte alte entfernt – möglichst ohne die benachbarten Steine zu beschädigen. Dazu das alte Material mit Breitmeißel und Fäustel eher heraushebeln als brachial herausschlagen. Das Loch von jeglichem verbliebenen Altmörtel befreien, auch den Mörtelstaub herauskehren. Boden und Seitenwände des Mauerlochs befeuchten und mit nicht zu flüssigem Mörtel bestreichen. Die Oberseite des Ersatzziegels ebenfalls mit Mörtel bestreichen und den Stein vorsichtig ins Loch schieben. Dann die Fugen ganz normal versäubern (siehe S. 47).

Mauerwerk erneuern, Fundamente verstärken

Sobald Mauerwerk im Garten Alterserscheinungen aufweist – sich neigt, zersetzt oder auseinanderzufallen beginnt –, muss es ausgebessert werden. Zerfällt die Mauerkrone, trägt man die oberen Steinreihen ab, mauert sie neu auf und versieht sie mit einer schützenden Mauerabdeckung (z. B. Dachziegel, Abdecksteine, bündig verfugte Rollschicht).

Zeigen sich Risse im Mauerwerk oder neigt es sich, dann ist dies meist ein untrügliches Zeichen, dass das Fundament nachgibt. Falls die Setzung noch nicht unrettbar weit fortgeschritten ist, kann man versuchen, das Fundament Stück für Stück mit zusätzlichem Beton zu verstärken oder zu unterfüttern, um dann das beschädigte Mauerwerk neu aufzumauern. Andernfalls hilft nur Abreißen.

Teil 2: Einzelne Projekte

ZEITAUFWAND
ein Wochenende für fünf Meter Beeteinfassung

Kleiner Tipp

Dieses Design ist eigentlich für gerade Kanten gedacht, passt aber auch bei sanften Kurven: Am besten die Steine erst einmal ohne Mörtel auslegen, um ein Gefühl für die Abstände zu bekommen.

BEETEINFASSUNG MIT MÄHKANTE

Wenn die Blumen sich anschicken, in den Rasen hineinzuwachsen oder das Gras in die Rabatte, dann wird es Zeit, dem wilden Wuchern Einhalt zu gebieten – mit einer dekorativen Ziegelsteinkante. In England, besonders in Sussex, begegnet man derartigen Beeteinfassungen oft, die traditionell aus Reihen schöner handgestrichener Ziegelsteine gestaltet sind.

WIR HABEN VERWENDET ...

für eine 5 m lange und 27 cm breite Beeteinfassung

... an Material:

- 0,2 m³ Steinschutt zum Schottern
- ca. 85 Ziegelsteine (WDF 210 x 100 x 65 mm, ein anderes Format ergibt andere Maße)
- Mörtel: 1 Teil (36 kg) Zement und 4 Teile (144 kg) Sand

... an Werkzeug:

- Bandmaß, Pflöcke und Schnur
- Spaten und Grabegabel
- Schubkarre und Eimer
- Vorschlaghammer
- Schaufel und Unterlage zum Mischen oder Betonmischer
- Maurerkelle
- Fäustel
- Breitmeißel

KLARE KANTE

Eine praktische Sache: Ziegelsteine und Rasen schließen bündig ab und bilden eine Ebene, was das Rasenmähen erleichtert und ein Trimmen der Rasenkanten überflüssig macht. Mit dem Rasenmäher fährt man an der Kante aus schräg stehenden Steinen entlang, die die Beeterde festhalten, wobei die Räder wie auf Schienen über die Ziegelreihen rollen.

Einige Vorüberlegungen sollten Sie dennoch anstellen: Passt diese sehr englische, zwar charmante, aber auch leicht altmodische Lösung überhaupt zum Stil Ihres Gartens? Einem zutiefst modern gehaltenen könnte beispielsweise mit schwarzen Klinkern in Kombination mit blau glasierten Fliesen besser gedient sein. Nur so als Anregung ...

Dieses Projekt ist sehr einfach, mit unerwarteten Problemen ist nicht zu rechnen. Bei Lichte besehen ist es das perfekte Anfängerprojekt, ideal für alle, die noch nie mit Ziegeln gearbeitet haben.

Schnitt durch Beeteinfassung und Unterbau

BEETEINFASSUNG SCHRITT FÜR SCHRITT

Grasnarbe und Mutterboden abstechen – vielleicht lässt sich das Material ja noch andernorts im Garten verwenden

Fundamentgraben mit flachen Spatenstichen ausheben

Schnüre straff gespannt und parallel zueinander verlaufend

1 Überlegen, wo die Beetkante verlaufen soll (wir wollten hier ein bestehendes Beet vergrößern und auch vermeiden, dass beim Bau Pflanzen beschädigt werden). Mit Pflöcken und Schnur einen reichlich 30 cm breiten Bereich abstecken (die beidseitige Zugabe ist dafür gedacht, Ungenauigkeiten beim Graben auszugleichen) – so lang, wie die Beeteinfassung werden soll. Mit Spaten und Grabegabel die Grasnarbe abstechen und einen knapp 25 cm tiefen Graben ausheben. Danach Pflöcke und Schnur entfernen.

Schottermaterial (in diesem Fall Ziegelbruch) zu einer Tragschicht zertrümmern, verdichten und einebnen

2 Schottermaterial im Graben verteilen, mit dem Vorschlaghammer verdichten und dabei alles, was größer als ein halber Ziegelstein ist, zertrümmern. Den Graben auf seiner gesamten Länge mit einer Schotterschicht füllen, die verdichtet auf eine Höhe von 7–9 cm kommt. Schotterteile entfernen, die darüber hinausragen.

Fäustel
Das Gewicht des Hammers erledigt die Arbeit.

Um das **Beet** zu vergrößern, muss, wenn die neue Beeteinfassung erst fertig ist, hier noch weitere Grasnarbe abgetragen werden.

Waagerecht ausrichten, so dass die Ziegel bündig miteinander (und ganz leicht unter dem Niveau der Rasenfläche) abschließen

3 Mörtel auf einer Länge von 1 m mit der Maurerkelle 7–9 cm dick im Graben verteilen. Nie mehr als 1 m auf einmal bearbeiten! Dann die Ziegel in zwei fugenversetzten Läuferreihen verlegen – sollten die Ziegel Mörteltaschen aufweisen, müssen diese nach unten zeigen und die glatten Seiten nach oben. Mit dem Fäustelgriff so in Waage klopfen, dass sie mit dem Boden bündig abschließen. Falls an den Enden nötig, mit Breitmeißel und Fäustel halbieren.

Ziegelstein als Maß
Mit einem Ziegel als Anschlaglehre bekommt man das Zackenmuster exakt hin: Überprüfen und gegebenenfalls nachklopfen.

4 Die schräg hochkant gestellten Ziegel sorgfältig ausgerichtet im Winkel von 45 Grad ins Mörtelbett klopfen. Überprüfen, ob die Oberkanten der Zackenspitzen fluchten. Meist genügt Augenmaß. Den Abschnitt fertigstellen und das Ganze auf den nächsten Meterabschnitten wiederholen, bis die gesamte Beeteinfassung fertig ist.

Hinweis

Nach dem Verlegen von ca. sechs schrägstehenden Ziegeln einen Schritt zurücktreten und prüfen, ob alles passt – ob alle parallel im Winkel von 45 Grad und auch nicht zu tief im Mörtelbett stecken. Wenn nicht, die Übeltäter herausziehen, neuen Mörtel ins Loch geben und die Steine neu einklopfen.

ZEITAUFWAND
vier Tage für vier Meter Weg

Kleiner Tipp
Die Auswahl des Verlegemusters steht natürlich jedem frei. Beispiele und Ideen siehe auch S. 49.

GARTENWEG AUS BACKSTEINEN

Ein Weg aus roten Backsteinen im Stil jener typisch englischen Cottages auf dem Lande verleiht einem üppig grünen Garten einen unerwarteten Farbtupfer und mit seinem Verlegemuster eine unerwartete Struktur.

WIR HABEN VERWENDET …

für einen 4 m langen und 68 cm breiten Weg

… an Material:

- ca. 190 Ziegelsteine (WDF 210 x 100 x 65 mm)
- 0,25 m^3 Steinschutt zum Schottern
- 250 kg Betonkies (Korngröße 0–16)
- 250 kg Sand
- Mörtel: 1 Teil (15 kg) Zement und 4 Teile (60 kg) Sand
- Holz für die Schalung: 8 m Bretter, 40 × 80 mm, mindestens 6 Holzpflöcke, 30 cm lang, 20 × 30 mm
- Holz für die Abziehlehre: 1 Brett 68 cm lang, 20 × 155 mm und 1 Führungslatte, ca. 80 cm lang, 20× 30 mm
- 2 Nägel, 35 mm lang, zum Bau der Abziehlehre und mindestens 6 Nägel, 50 mm lang, um die Schalung zu befestigen

… an Werkzeug:

- Bandmaß, Pflöcke und Schnur
- Fäustel
- Spaten und Grabegabel
- Schubkarre und Eimer
- Vorschlaghammer
- Holzsäge
- Zimmermannshammer
- Rüttelplatte
- Schaufel und Unterlage zum Mischen oder Betonmischer
- Maurerkelle
- Rechen und Besen

DER WEG IST DAS ZIEL

Ziegelsteingepflasterte Wege können einem hübschen Garten schmeicheln und ihn optisch weiter aufwerten. Die warmen Farbtöne gebrannter Ziegel, verlegt in kleinteiligen Mustern, bilden besonders an trüben Sommertagen einen reizvollen Kontrast zum frischgrünen Laub und den leuchtend bunten Blumen dazwischen.

Mit verschiedenfarbigen Steinen und zahllosen Verlegemustern lässt sich unglaublich viel gestalten. Gerade der Block- bzw. Parkettverband passt hervorragend zu traditionell gehaltenen Gärten im Landhausstil. Die hier vorgestellte Verlegemethode kommt bei nicht allzu großer Beanspruchung in Frage. Von der Breite her ist der Weg gerade richtig für eine Schubkarre. Soll er breiter werden, sind die exakten Maße anhand des Verlegemusters zu bestimmen, da wir ja ein Schneiden der Steine weitestgehend vermeiden wollen.

Allzu tief braucht man für den Unterbau nicht auszuschachten, es ist also nicht zu befürchten, auf irgendwelche Leitungen zu treffen. Dennoch sind bei der Planung des Wegs die üblichen Vorkehrungen zu treffen: Im Vorfeld den Verlauf von Versorgungsleitungen und die Lage von Öl- oder Gastanks klären und derartige Stellen bei der Projektierung umgehen.

Schnitt durch Weg und Unterbau

GARTENWEG SCHRITT FÜR SCHRITT

Schotter-material (in diesem Fall Bauschutt) zertrümmern, verdichten und einebnen

Vorschlag-hammer entspricht in Größe und Gewicht der eigenen Körperkraft

Abziehlehre zum gleichmäßigen Verteilen und Nivellieren des Betonkieses

Pflöcke an den Außenseiten der Schalbretter angenagelt

Raum zwischen den Schalbrettern entspricht mit 68 cm der Breite des zukünftigen Wegs

1 Den Verlauf des Weges planen und mit Bandmaß, Pflöcken (mit dem Fäustel eingeschlagen) und Schnur knapp 80 cm breit und so lang wie gewünscht abstecken. Grasnarbe und Erde mit Spaten und Grabegabel ca. 25 cm tief ausheben. Schottermaterial auf dem Boden des Grabens verteilen, große Stücke mit dem Vorschlaghammer zertrümmern und die Schicht auf eine Stärke von ca. 8 cm verdichten.

2 Pflöcke an die Außenseiten der Schalung nageln und das Ganze so in den Graben setzen, dass es auf beiden Seiten bündig mit der Bodenoberfläche abschließt. Um zu prüfen, ob die Steine hineinpassen, auf einer kleinen Fläche das geplante Muster probehalber auslegen und dann wieder entfernen. Innerhalb der Schalung Betonkies auf der Schotterschicht verteilen und mit einer Rüttelplatte auf eine Stärke von ca. 4 cm verdichten. Eine Abziehlehre bauen und überschüssigen Betonkies abziehen.

überschüssigen **Mörtel** wegkratzen

Randsteine schließen bündig mit der Schalungsoberkante ab

3 Mörtel handfeucht anmischen und auf beiden Seiten des Wegs je eine Reihe Ziegel hochkant auf den Längs- bzw. Läuferseiten hineinbetten. Keine Lücken zwischen den Steinen lassen. Anklopfen, so dass sie mit der Oberseite der Schalung bündig abschließen, und mit der Maurerkelle unter den Steinen hervorquellenden überschüssigen Mörtel wegkratzen.

Abziehlehre in Höhe und Breite verringern, um den Sand abziehen zu können

in einem Arbeitsgang den Sand mit dem Brett leicht nach unten festklopfen und dabei gerade nach vorn abziehen

Tiefe nachmessen, ob sie der eines Ziegels entspricht (bei Verlegung von WDF-Klinkern auf der Läuferseite also 10 cm)

4 Wenn der Mörtel abgebunden hat, Sand verteilen und mit der Rüttelplatte auf ca. 2 cm verdichten – ohne dabei die Randsteine zu verschieben! Weiteren Sand aufbringen und die Abziehlehre anpassen – das Brett etwas absägen, damit es zwischen die Randsteine passt, und die Führungslatte versetzen, damit auch die Höhe wieder stimmt. So viel überschüssigen Sand abziehen, dass der nötige Raum nach oben bleibt für die Ziegel (bei Verlegung von WDF-Klinkern auf der Läuferseite also 10 cm).

mit **Größe und Farbe** der Steine etwas herumprobieren, so dass am Ende alles passt und gefällig wirkt

5 Die Ziegel hochkant auf den Läuferseiten im Parkettverband in Dreierblöcken verlegen. Nicht auf den Sand treten. Von Rand zu Rand arbeiten. Wenn alle Ziegel verlegt sind, Sand in die Fugen kehren. Eine weiche Matte (oder ein Stück alten Teppich) an der Rüttelplatte befestigen und die Steine abrütteln.

Hinweis

Da Mauerziegelformate für den Mauerbau mit Fugenbreiten von 10 mm ausgelegt sind, entstehen bei der Verwendung im Pflasterverband oft Verschiebungen oder Lücken, die man durch möglichst gleichmäßiges Verteilen der Steine auszugleichen sucht.

ERHÖHTE TERRASSE IM ELLBOGENVERBAND

Das Besondere an einer Terrasse ist, dass sie sofort zum Mittelpunkt wird und die Nutzungsmöglichkeiten eines Gartens erheblich erweitert. Hier lässt sich ein Grill aufstellen (oder aus Ziegeln errichten) und hier kommt die Familie zum Essen zusammen, für Kinder ist sie ein sicherer Platz zum Spielen.

ZEITAUFWAND
drei Tage für den Unterbau plus ein Tag für das Verlegen der Steine

Kleiner Tipp
Wer seine Terrasse etwas erhöht anlegt, muss weniger ausschachten und hat auch nicht so viel Aushub zu entsorgen.

WIR HABEN VERWENDET ...
für eine quadratische Terrasse von ca. 3 m Kantenlänge

... an Material:

- ca. 500 Ziegelsteine: reichlich 100 für den stützenden Rand und knapp 400 für die Pflasterung
- 0,75 m³ Steinschutt zum Schottern
- 1 Tonne Betonkies (Korngröße 0–16)
- 1 Tonne Sand
- Mörtel: 1 Teil (20 kg) Zement und 4 Teile (80 kg) Sand
- Holz: 1 Brett ca. 3 m lang, 20 mm × 150 mm, als Abziehbrett

... an Werkzeug:

- Bandmaß, Pflöcke und Schnur
- Fäustel
- Spaten und Grabegabel
- Schubkarre und Eimer
- Schaufel und Unterlage zum Mischen oder Betonmischer
- Vorschlaghammer
- Maurer- und Fugenkelle
- Wasserwaage
- Rüttelplatte
- Rechen
- Breitmeißel
- Besen

EIN CHARMANTES MUSTER

Für einen kleinen, modernen Garten lässt sich das Muster abwandeln, um der Terrasse den Charme ländlicher Idylle aus längst vergangenen Tagen ein wenig auszutreiben – vielleicht durch kontrastierende Zickzackstreifen aus Stein, Holz oder oberflächenstrukturiertem Metall?

Die Idee, die Terrasse erhöht anzulegen – gehalten von einer kleinen, rundherum in den Boden eingelassenen Stützmauer als Randbegrenzung –, rührt auch daher, dass der Arbeitsaufwand geringer ist, da weniger Erde ausgehoben werden muss als bei einer ebenerdigen Anlage.

Prüfen Sie beim Einmessen, ob die geplante Höhe mit bereits existierenden Türen, Toren, Stufen, Treppen und Wegen korreliert. Soll sie direkt ans Haus gesetzt werden, dürfen durch sie keine etwaig vorhandenen Lüftungssteine im Sockel des Hauses verschlossen werden, auch sollte sie mindestens 15 cm unterhalb der Horizontalsperre gegen aufsteigende Feuchte liegen. Und, besonders wichtig, sie muss ein Gefälle vom Haus weg aufweisen – mindestens 12,5 mm Höhendifferenz auf einen Meter Distanz.

Schnitt durch Terrasse und Unterbau

ERHÖHTE TERRASSE SCHRITT FÜR SCHRITT

Fundamentgraben ca. 32 cm breit und 15 cm tief ausheben

Schottermaterial (in diesem Fall Ziegelbruch) zertrümmern, einebnen und auf eine Stärke von 7–8 cm verdichten

Einebnen und große, nach oben herausstehende Steine zertrümmern oder entfernen

1 Mit Bandmaß, Schnur und Pflöcken (eingeschlagen mit dem Fäustel) werden Größe (in unserem Fall ein Quadrat von knapp 3,25 m Seitenlänge) und Lage der Terrasse mit einer Zugabe von rundherum 10 cm eingemessen und abgesteckt. Falls eine Seite direkt an die Hauswand anschließt, entfällt dort die Zugabe. Rechte Winkel sind nachzuprüfen (siehe S. 34), damit es auch wirklich ein Quadrat wird und kein Parallelogramm (das würde das Verlegemuster unnötig verkomplizieren). Nun entlang der Ränder auf der Innenseite der Terrassenfläche einen ca. 32 cm tiefen und 15 cm breiten Fundamentgraben ausheben. Schottermaterial verteilen und mit dem Vorschlaghammer auf eine Stärke von 7–8 cm verdichten.

mit dem **Fäustelstiel** die Steine ausrichten und in Position klopfen

Stützmauer zwei Steinreihen hoch, bei der zweiten Reihe zeigen evtl. vorhandene Mörteltaschen nach unten

2 Mittig im Graben eine Stützmauer bauen: im Läuferverband, zwei Ziegelreihen hoch und mit 10 mm breiten Fugen. Die erste Reihe auf ein großzügig bemessenes, sog. Mörteldickbett setzen. Überprüfen, ob die Mauer gerade verläuft und die Steine in Waage sind (bzw. das gewünschte Gefälle aufweisen, sofern die Mauer vom Haus wegführt). Fugen mit der Fugenkelle säubern: wo nötig, weiteren Mörtel einfügen, ansonsten die Fugen glätten und überschüssigen Mörtel so abkratzen, dass sie leicht gekehlt sind. Dann die zweite Steinreihe setzen – falls die Ziegel wie im Bild Mörteltaschen aufweisen, müssen diese bei der zweiten Reihe nach unten zeigen.

Stützmauer
als Randbefestigung

Rüttelplatte
sicher und einfach in der Handhabung

3 Während der Mörtel abbindet, die restliche Terrassenfläche 15 cm tief ausheben. Schottermaterial verteilen, mit dem Vorschlaghammer zertrümmern und auf eine Stärke von 7–8 cm verdichten. Darüber eine dicke Schicht Betonkies ausbringen und mit der Rüttelplatte auf eine Stärke von 5 cm verdichten. Darauf kommt Sand, verdichtet auf eine Stärke von 3 cm. Nun ein ca. 3 m langes Abziehbrett vorbereiten: An beiden Enden Aussparungen aussägen, die dem Profil der Steine entsprechen (beim Waaldickformat also 10 cm breit und 6,5 cm hoch). Einen Helfer bitten, am anderen Ende mit anzufassen und so überschüssigen Sand über die gesamte Terrassenbreite mit einem Mal abziehen. Die Aussparungen liegen dabei auf den Randsteinen und gleiten drüber.

Ziegelsteine
im gewünschtem Muster verlegen (evtl. vorhandene Mörteltaschen nach unten)

4 An Stellen, wo es nötig ist (Senken und Hohlräume im Sand) weiteren Sand auffüllen, nochmals verdichten und ein weiteres Mal abziehen. Nun mit dem Rechen Sand auf der gesamten Fläche verteilen in einer Stärke von reichlich 10 mm. Die Ziegel im Ellbogenverband verlegen. An den Rändern sind halbe Steine gefragt. Sand in die Fugen kehren. Eine weiche Matte an der Rüttelplatte befestigen und damit die Steine abrütteln.

Hinweis

Die Fugen zwischen den Steinen möglichst gleichmäßig halten. Bei Terrassenflächen über 9 m² erleichtert eine gespannte Fluchtschnur die Orientierung.

SÄULE MIT VOGELBAD

Eine Vogeltränke ist eine Bereicherung für jeden Garten. Wer gerne Vögel dabei beobachtet, wie sie völlig selbstvergessen baden, planschen und am Wasser nippen, sollte es mit dem Bau dieser Säule versuchen, die eine flache Schale aus Stein krönt. Am besten steht das Vogelbad dort, wo es von der Terrasse aus beobachtet werden kann.

ZEITAUFWAND
ein halber Tag für das Fundament plus vier Tage für die Säule

Kleiner Tipp
Anstelle eines Vogelbads kann man auch eine Sonnenuhr auf der Säule anbringen.

WIR HABEN VERWENDET …

für eine Säule, reichlich 1 m hoch und mit einer quadratischen Grundfläche von einem reichlichen halben Meter Kantenlänge

… an Material:

- ca. 80 Ziegelsteine (WDF 210 x 100 x 65 mm)
- 36 quadratische Ziegelplatten (z. B. Terrakotta-Bodenfliesen oder passend geschnittene Biberschwanzziegel), 8–10 mm dick, ca. 140 mm Kantenlänge
- quadratische Gehwegplatte, ca. 3,5 cm hoch, 43 cm Kantenlänge
- 0,1 m^3 Steinschutt zum Schottern
- Mörtel: 1 Teil (12 kg) Zement und 4 Teile (48 kg) Sand
- Beton: 1 Teil (40 kg) Zement und 4 Teile (160 kg) Betonkies (Korngröße 0–16)
- Holz: 4 Bretter für die Fundamentschalung, je ca. 68 cm lang, 40 mm × 120 mm sowie
- 4 Kanthölzer für den Kragen der Stützschalung, 375 mm lang, 55 mm × 75 mm
- 16 Nägel, 80 mm lang
- flache Steinschale, quadratisch, ca. 8 cm hoch, ca. 33–35 cm Kantenlänge

… an Werkzeug:

- Bandmaß und Kreide
- Holzsäge
- Zimmermannshammer
- Spaten
- Schubkarre und Eimer
- Vorschlaghammer
- Wasserwaage
- Schaufel und Unterlage zum Mischen oder Betonmischer
- Maurer- und Fugenkelle
- Breitmeißel und Fäustel
- Gummihammer
- Fliesenschneider

Säule und Fundament

FASZINIEREND, DIESE VÖGEL

Wer freut sich nicht über Vögel im Garten? Um sie anzulocken, ist ein Vogelbad genau das Richtige. Die Säule in ihrer zurückhaltenden Architektur könnte auch andere dekorativ-funktionale Elemente tragen.

Geben Sie dem Ganzen eine individuelle Note, indem Sie kein 0-8-15-Vogelbad aus dem Baumarkt nehmen, sondern eine hübsche flache Schale aus Metall, Stein, Holz oder eine besonders ansprechende flache Pflanzschale aus Keramik. Auch mit den Terrakottaplatten lässt sich spielen – probieren Sie eine Fliesenschicht nach jeder Lage Ziegel aus, oder nehmen Sie dickere Schieferplatten anstelle von dünnen Fliesen. Oder integrieren Sie Schmuckfliesen und dekorative Terrakottaelemente senkrecht im Mauerwerk – seien Sie kreativ!

SÄULE MIT VOGELBAD SCHRITT FÜR SCHRITT

äußere Steine mit den Mörteltaschen (sofern vorhanden) nach unten verlegen

Steine innen mit den Mörteltaschen (sofern vorhanden, siehe Abb.) nach oben verlegen und in die Mitte einen halbierten Stein setzen

1 Die Schalungsbretter an den Ecken mit 80 mm langen Nägeln miteinander verbinden. Rahmen auf den Boden legen und mit dem Spaten die Außenränder markieren. Rahmen beiseitelegen und markierten Bereich 30 cm tief ausschachten. Schottermaterial einbringen und mit dem Vorschlaghammer auf ca. 18 cm verdichten. Schalungsrahmen darüberlegen, prüfen, ob er in Waage ist und mit Beton auffüllen. Wenn dieser getrocknet ist, die erste Lage Ziegel probehalber ohne Mörtel auslegen.

Gummihammer um die Steine nicht zu beschädigen

Ausrichten aller Steine pro Schicht mit der Wasserwaage

dritte Ziegellage, die Mörteltaschen (sofern vorhanden) zeigen nach unten

Verfugen mit der Fugenkelle

Stoßfugen (vertikale Fugen) immer versetzt anordnen

2 Mit Kreide die Außenränder auf dem Beton anzeichnen. Ziegel wegnehmen und innerhalb dieser Markierung Mörtel auftragen. Die erste Lage Ziegel ins Mörtelbett setzen und rechte Winkel nachprüfen (durch Messen der Seitenlängen und Diagonalen, siehe S. 34). Steine mit der Wasserwaage horizontal ausrichten. Dann die zweite Lage Ziegel aufbringen, die Fugen allerdings um eine halbe Steinbreite versetzt.

3 Fugen der ersten beiden Ziegellagen versäubern. Dann die dritte Lage, die kleiner und damit zurückgesetzt ist, ohne Mörtel auslegen, Außenränder mit Kreide markieren, Ziegel wegnehmen, Mörtel aufbringen, dritte Lage ins Mörtelbett setzen. Die vierte Lage ebenso. Säule bis unterhalb der ersten Schicht Fliesen aufmauern und über Nacht aushärten lassen.

waagerechtes Ausrichten
der Terrakottaplatten im Sandwich-Prinzip (zwei Lagen, dazwischen Mörtel)

Terrakottaplatten
zuschneiden und fugenversetzt so anordnen, dass reichlich 15 mm überstehen

Mörtel
zwischen den Platten leicht aus der Lagerfuge kratzen

4 Terrakottaplatten für zwei Lagen zuschneiden und durchgängig fugenversetzt so anordnen, dass der Überstand rundherum ca. 15 mm beträgt. Die Arbeit mit den dünnen Platten ist nicht ganz einfach, darum Zeit lassen und sorgfältig arbeiten. Mit der Wasserwaage prüfen, ob alles plan ist und in Waage liegt.

Stützschalung aus Holz
Einen Rahmen zusammennageln, der locker bis saugend um die Säule passt, und ihn von unten mit kleinen Holzkeilen befestigen, so dass er nicht nach unten rutscht. Er trägt bis zum Abbinden des Mörtels das Gewicht der auskragenden Ziegel, so dass sie nicht seitlich wegkippen. Frühestens nach 48 Stunden abnehmen.

5 Weiter Ziegel und Ziegelplatten Lage um Lage fugenversetzt aufmauern, dabei jede einzelne Lage mit der Wasserwaage prüfen. Dann aus Holz einen Stützrahmen bauen für die letzte, überhängende Ziegellage. Gehalten wird er von Holzkeilen. Die letzte Lage Ziegel aufbringen. Darauf die Gehwegplatte setzen und die Fugen versäubern. Zum Schluss das Vogelbad obenauf setzen.

Hinweis

Bitten Sie bei der Positionierung des Stützrahmens jemanden um Hilfe. Sollte der Kragen immer wieder verrutschen, probieren Sie mehr Keile oder dickere bzw. längere aus.

TERRASSE MIT INTEGRIERTEN EBENERDIGEN BEETEN

Stellen Sie sich einen lauen Sommerabend vor: Sie sitzen auf der Terrasse, die gespeicherte Wärme der Sonne strahlt noch wohlig von den Backsteinen ab und die Blumen um Sie herum verströmen einen betörenden, die Kräuter einen würzig-mediterranen Duft. Um diese schöne Vorstellung wahr werden zu lassen, sind inmitten dieser Terrasse Beete eingelassen. Ob die Terrasse nun mit Gehwegplatten, Mauerziegeln, Betonpflastersteinen oder Pflasterklinkern belegt wird, bleibt jedem selbst überlassen.

ZEITAUFWAND
fünf Tage für das Fundament plus zwei Tage für die eigentlichen Pflasterarbeiten

Kleiner Tipp

Bei der Wahl des Verlegemusters haben Sie freie Hand. Probieren Sie aus, was Ihnen gefällt, indem Sie es vorab zur Probe trocken auslegen.

WIR HABEN VERWENDET …

für eine Terrasse mit integrierten Beeten, quadratisch, knapp 5 m Kantenlänge

… an Material:

- ca. 720 Betonpflastersteine im Format 200 x 100 x 50 mm (bei Verwendung von Platten oder Steinen anderen Formats ist die benötigte Anzahl eigenständig zu ermitteln und die Stärke des Fundaments gegebenenfalls anzupassen)
- 2,5 m³ Steinschutt zum Schottern
- 172 Nägel, 38 mm lang
- Beton: 1 Teil (500 kg) Zement und 4 Teile (2 t) Betonkies (Korngröße 0–16)
- Mörtel: 1 Teil (75 kg) Zement und 4 Teile (300 kg) Sand
- Holz: 28 m Schalbretter 20 mm × 150 mm sowie 56 Pflöcke, 30 cm lang, 20 × 30 mm, zur Befestigung der Schalung
- Abziehbrett 1,60 m lang, 200 × 100 mm

… an Werkzeug:

- Bandmaß, Pflöcke und Schnur
- Spaten und Grabegabel
- Schubkarre und Eimer
- Holzsäge (z. B. Fuchsschwanz)
- Zimmermannshammer
- Wasserwaage
- Fäustel
- Vorschlaghammer
- Schaufel und Unterlage zum Mischen oder Betonmischer
- Breitmeißel
- Fugenkelle
- Pflanzkelle

STILVOLLES ARRANGEMENT

Diese quadratische Anlage erinnert mit der Kombination aus gepflastertem Untergrund und mittig sowie in Winkeln in den Ecken angeordneten Beeten an die Kloster- und Kräutergärten des Mittelalters. Man wandelt wie durch eine Miniaturlandschaft, findet ein ruhiges, zum Sitzen einladendes Plätzchen, um von der Hektik des Alltags auszuruhen und den Duft der Kräuter in sich aufzunehmen. Das Verhältnis von gepflasterter zu bepflanzter Fläche kann frei variiert werden, ebenso die Position der Beete – verlagert man sie auf eine Seite, erhält man auf der anderen eine größere Fläche zum Sitzen.

Terrassen kann man getrost zu den Großprojekten im Privatgarten zählen, sie erfordern viel Zeit und Material – das ist bei der Planung zu berücksichtigen. Beim Aushub für das Fundament dürften unterirdische Leitungen eigentlich nicht berührt werden, da es nicht sehr tief ist – falls doch, holen Sie bitte den Rat eines Fachmanns ein. Die meiste Arbeit machen das Ausschachten und der Schalungsbau, lassen Sie sich also nicht verdrießen, wenn Sie zu Beginn nicht so richtig vorankommen.

Schnitt durch Terrasse und Unterbau

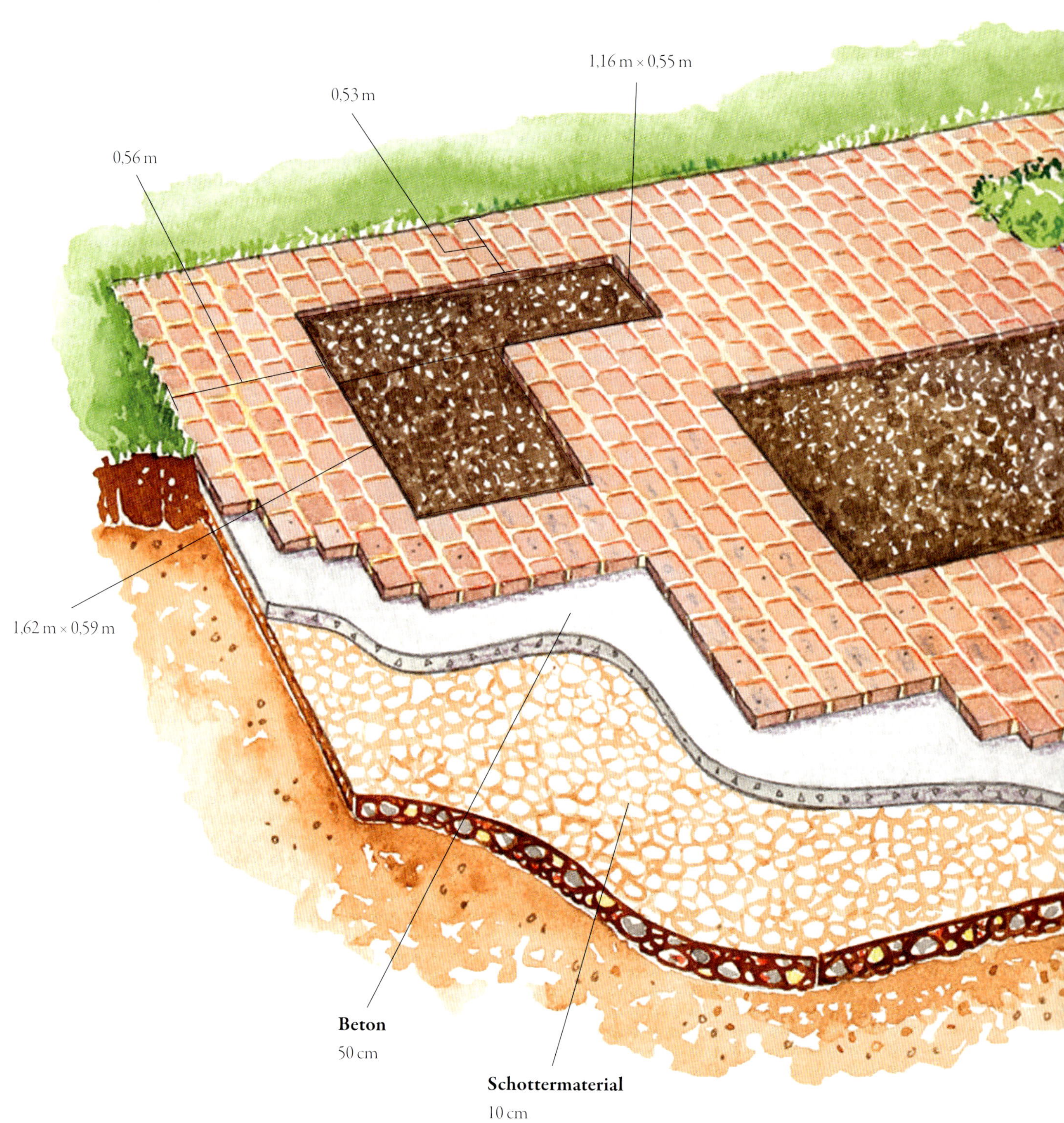

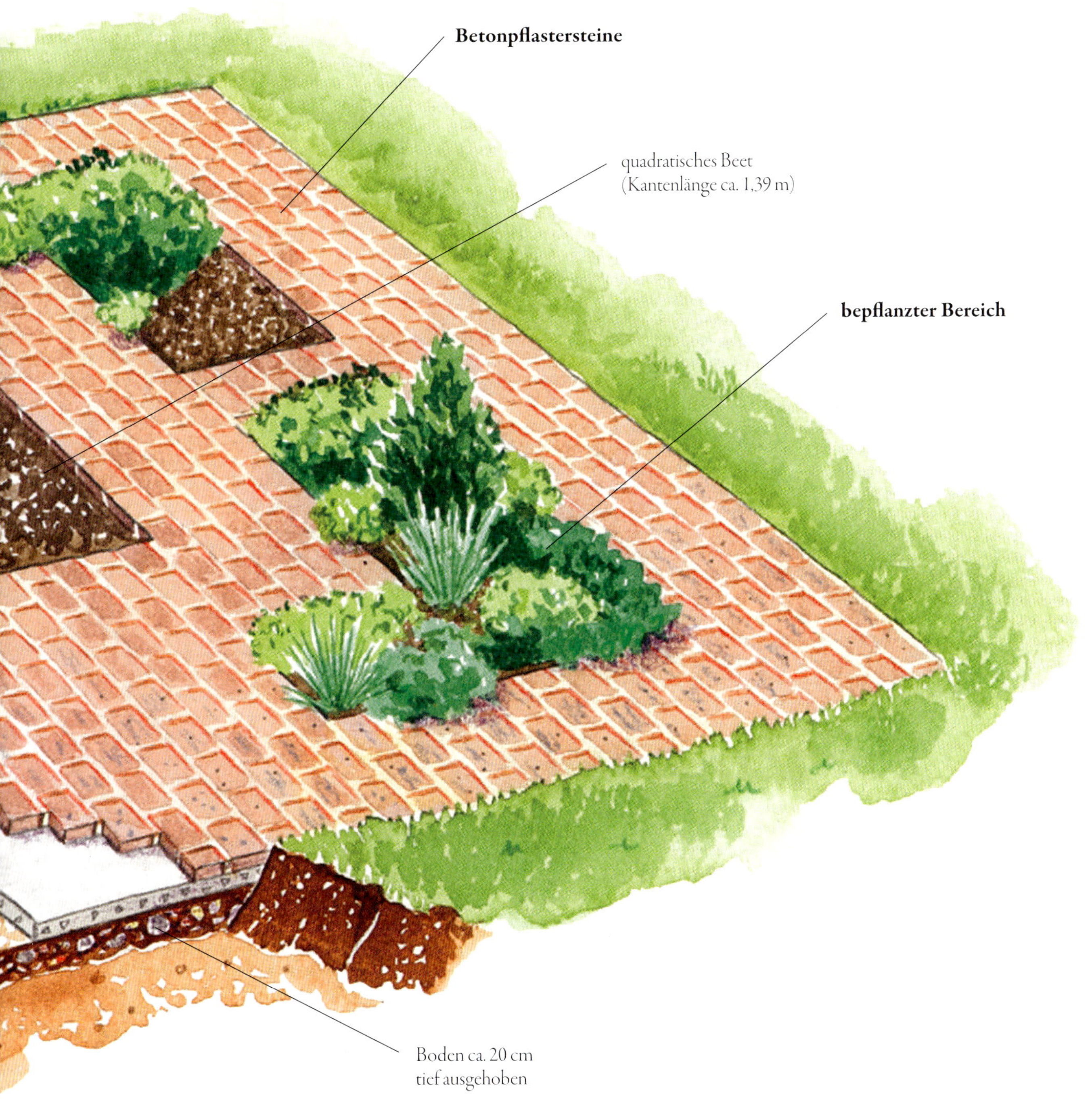
Betonpflastersteine
quadratisches Beet
(Kantenlänge ca. 1,39 m)
bepflanzter Bereich
Boden ca. 20 cm
tief ausgehoben

TERRASSE MIT BEETEN SCHRITT FÜR SCHRITT

Schottermaterial (Ziegelbruch und Bauschutt) zertrümmern und auf eine Stärke von 10 cm verdichten, so dass die Schotteroberfläche ca. 3–4 cm unterhalb der Schalungsoberkante abschließt

Schalungsbretter an den Enden mit je zwei Nägeln miteinander verbinden und die Rahmeninnenseiten mit Pflöcken stabilisieren, die ebenfalls festgenagelt werden

1 Eine quadratische Fläche von reichlich 4,80 m Kantenlänge ca. 20 cm tief ausschachten. Umrisse von zu pflasternden Flächen und Beeten mit Pflöcken und Schnur abstecken. Schalungsrahmen in Größe und Form der Beete bauen und so auf den Boden setzen, dass alle Oberkanten auf gleicher Höhe liegen. Wo gepflastert werden soll, Schottermaterial verteilen und auf eine Stärke von 10 cm verdichten.

Hinweis

Wenn es Ihnen gelingt, zwischen Schottermaterial und Schalung einen Spalt freizulassen, kann Beton in diese Lücke fließen. Dadurch werden Beet- und Terrassenbereich klarer voneinander abgegrenzt und alles bekommt mehr Halt.

Beton erdfeucht mit krümeliger Konsistenz

Beton verdichten und so abziehen, dass er mit der Schalungsoberkante abschließt

2 Beton mit sehr wenig Wasser erdfeucht, sprich krümelig anrühren und mit der Schaufel auf der Schotterschicht verteilen. Mit dem Abziehbrett nivellieren, gleichzeitig verdichten und auf der Schalungsoberkante abziehen. Kann man alleine machen, leichter geht es aber, wenn jemand hilft. Auf keinen Fall auf den Beton treten und nicht mehr als ein Viertel der Terrasse auf einmal bauen.

Zum **Einbetten** der Pflastersteine die Unterseiten anfeuchten und in den Beton drücken

straff gespannte Fluchtschnur zur Orientierung – immer an der Linie entlang verlegen

Fugen überall 1,5 cm breit

3 Nicht erst warten, bis der Beton abbindet, sondern sogleich dem Verlauf der ersten Steinreihe folgend eine Fluchtschnur spannen und die Steine im Fugenabstand von 1,5 cm sanft in den noch feuchten Beton drücken. Da der Beton bereits plan abgezogen wurde, erübrigt sich das Ausrichten und waagerechte Festklopfen jedes einzelnen Steins. Einfach nur leicht in den Beton drücken, ab und zu einen Schritt zurücktreten und mit Augenmaß überprüfen, ob die Reihen gerade sind und die Fugen überall gleich breit.

Mörtel handfeucht und krümelig anrühren und in die Fugen drücken

Fugen mit dem Griff der Fugenkelle glattstreichen

Schalung entfernen und die Beete mit Erde auffüllen

Pflanzen mit Bedacht auswählen und vor dem Einpflanzen die noch in Töpfen befindlichen Pflanzen verteilen und verschiedene Anordnungen ausprobieren, dabei die endgültige Größe in Betracht ziehen

Pflanzsubstrat verwenden, das den ausgewählten Pflanzen zuträglich ist

4 Für die Reihenenden an Außen- und Beetkanten werden auch halbe Steine benötigt. Diese mit Breitmeißel und Fäustel passend zuschneiden. Fugenmörtel mit sehr wenig Wasser anrühren – ähnlich wie der Beton sollte auch dieser erdfeucht und krümelig sein – und bis nach unten in die Fugen drücken. Die Fugen vollständig ausfüllen und ihre Oberseite glätten.

5 Nun Beton und Mörtel in Ruhe trocknen und vollständig abbinden lassen (mindestens zwei Tage), dann erst überschüssigen Mörtel wegputzen. Die Schalung entfernen, die Erde in den Beeten mit der Grabegabel auflockern und mit geeignetem Substrat – Mutterboden, Pflanzerde, Kompost – bis zur Oberkante der Pflastersteine auffüllen.

DEKORATIVES HOCHBEET

Hochbeete sind eine feine Sache: Sie erschließen uns nicht nur neue Flächen zum Bepflanzen, sie schonen auch den Rücken, vor allem, wenn das Bücken schwerfällt. Umso besser kann man sich um die Pflanzen kümmern, die im Hochbeet wachsen.

ZEITAUFWAND
ein Wochenende (sofern Fundament bereits vorhanden, ansonsten länger)

Kleiner Tipp
Zum Schneiden der Ziegelplatten empfiehlt sich ein Winkelschleifer, der allerdings besondere Sicherheitsvorkehrungen erfordert (siehe S. 24 und S. 43).

WIR HABEN VERWENDET ...
für ein Winkelhochbeet, einen reichlichen halben Meter hoch, die Schenkel einen reichlichen Meter lang

... an Material:
- ca. 130 Ziegelsteine (WDF 210 x 100 x 65 mm)
- 2 dekorative quadratische Terrakotta-Reliefplatten, Schmuckfliesen o. Ä., gleiche Kantenlänge wie die Ziegel (hier 210 mm) und ca. 25–30 mm dick
- 15 Klinker- bzw. Ziegelplatten als Randabdeckung, ca. 2,5 cm dick, 28–30 cm lang und 14–15 cm breit
- Mörtel: 1 Teil (15 kg) Zement und 4 Teile (60 kg) Sand

... an Werkzeug:
- Bandmaß, ca. 1,15 m lange Richtlatte, Kreide
- Schaufel und Unterlage zum Mischen oder Betonmischer
- Schubkarre und Eimer
- Maurer- und Fugenkelle
- Wasserwaage
- Maurerhammer
- Breitmeißel
- Fäustel
- Winkelschleifer (sofern die Klinkerplatten zuzuschneiden sind)

ERHÖHTES NIVEAU

Wie bei fast allen Projekten gibt es auch hier Möglichkeiten zu variieren, anstatt eins zu eins nachzubauen, was im Buch abgebildet ist. Natürlich lassen sich Form und Größe ändern, dazu sind aber immer Vorüberlegungen und Berechnungen anzustellen. Der hier vorgestellte, von der Pflanzfläche her relativ kleine Hochbeetwinkel, der sich besonders gut in einer Terrassenecke macht, ist gerade für kleine Pflanzen ideal und muss auch nicht mit tonnenweise Blumenerde gefüllt werden. Die Reliefplatten verkomplizieren den Bau zwar etwas, sind die Mühe im Ergebnis aber definitiv wert.

Wenn Sie etwas Besonderes im Garten haben möchten, begnügen Sie sich nicht mit dem langweiligen Angebot im erstbesten Baumarkt – durchforsten sie die Bergelager und was sonst noch an alten, gebrauchten Baumaterialien angeboten wird, vielleicht finden Sie ja Ornamente aus Terrakotta oder altertümlich gemusterte Fliesen und Platten. Bunt glasierte Ziegel aus viktorianischer Zeit harmonieren wunderbar mit den warmen Tönen der Backsteine.

Schnitt durch Winkelhochbeet und Unterbau

Anordnung der ersten Lage Ziegelsteine – Draufsicht

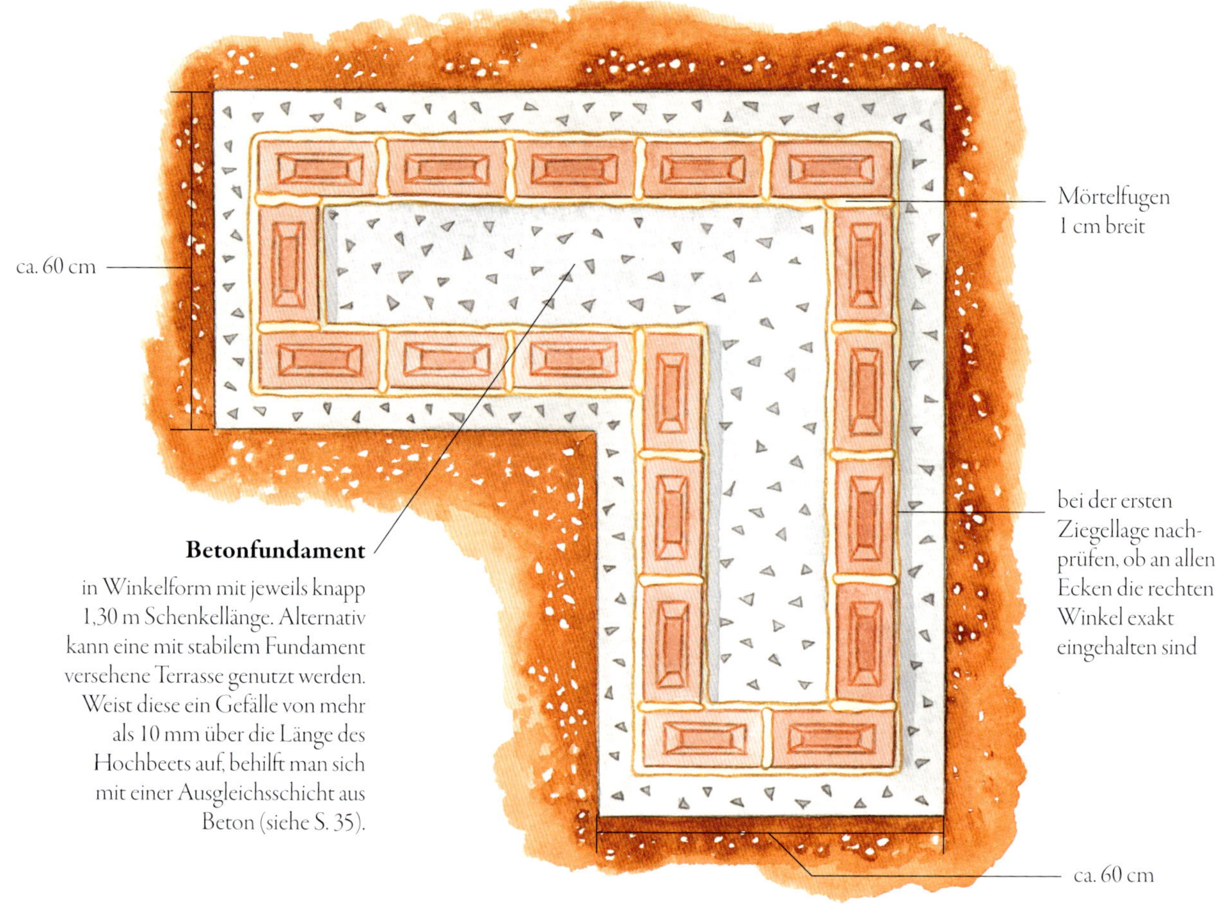

Detailansicht der Aussparung und Hinterfütterung für eine dekorative Fliese oder Platte

Explosionsdarstellung des Hochbeetwinkels

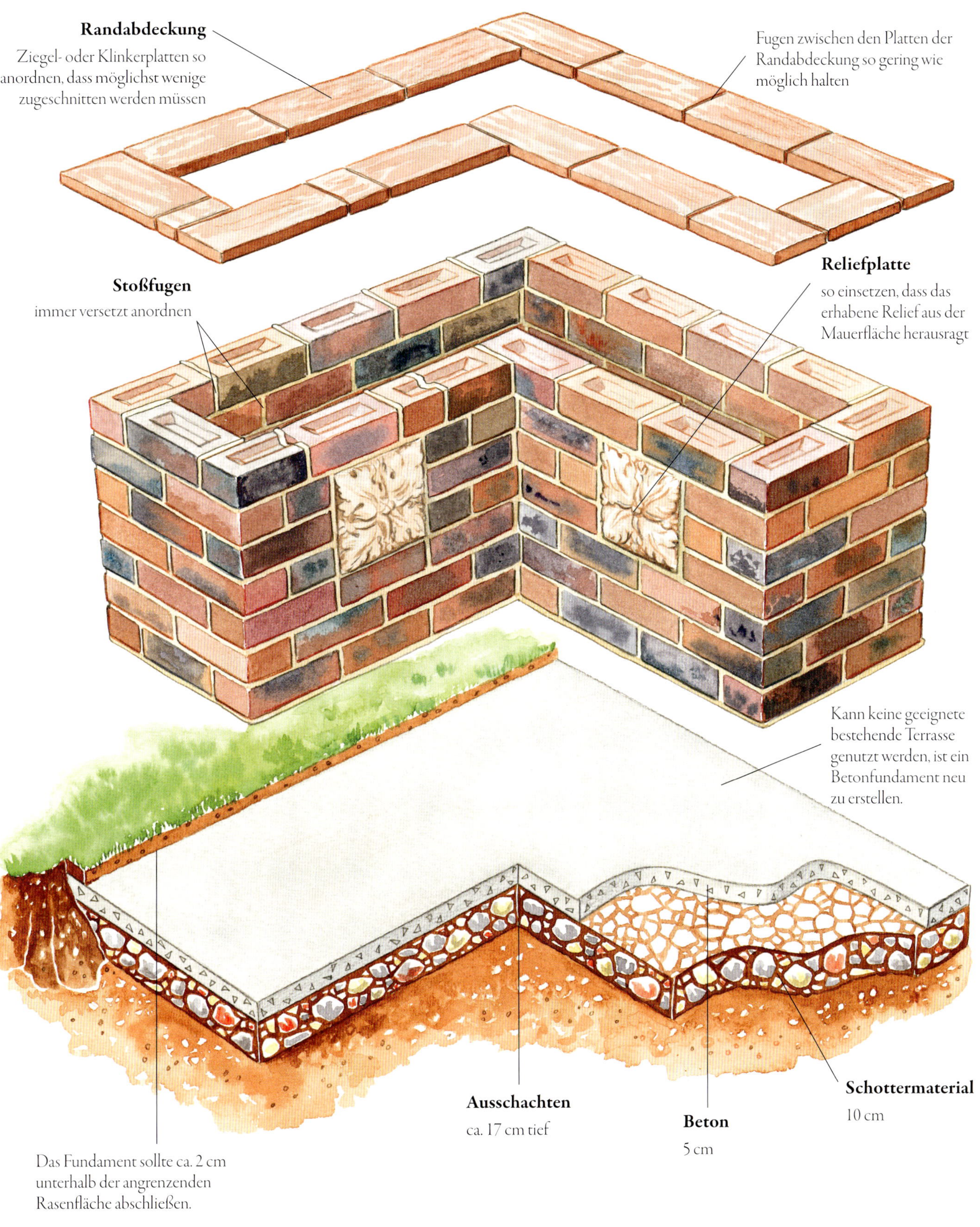

DEKORATIVES HOCHBEET SCHRITT FÜR SCHRITT

erste Ziegelschicht
zur Probe trocken auslegen – mit 10 mm Abstand für die Fugen

Hochbeet-umriss
mit Richtlatte und Kreide auf der bestehenden Terrasse anzeichnen

Recht-winkligkeit
an allen Ecken überprüfen

horizontale Ausrichtung
mit der Wasserwaage prüfen – liegen alle Steine gleich hoch im Mörtelbett?

Flucht-genauigkeit
mit Richtlatte oder Wasserwaagenkante überprüfen – liegen die Steine in einer geraden Linie?

1 Wo soll das Hochbeet hin? Wir haben uns für die Ecke einer Terrasse entschieden, deren Fundament geeignet ist, das zusätzliche Gewicht des Hochbeets zu tragen. Zum Anlegen eines neuen Fundaments siehe S. 32–35. Die erste Lage Ziegel trocken auslegen, um mit Größe und Form des Hochbeets zu spielen und verschiedene Möglichkeiten auszuprobieren. Den endgültigen Umriss mit Bandmaß, Richtlatte und Kreide anzeichnen.

2 Die erste Lage Ziegel ins Mörtelbett setzen. Mit der Wasserwaage die exakte Ausrichtung der Steine in alle Richtungen überprüfen, dann einen Schritt zurücktreten und mit Augenmaß abschätzen, ob alle Ecken rechtwinklig, die Seiten geradlinig und das Fugenmaß überall gleich ist.

mit der **Fugenkelle** überschüssigen Mörtel wegkratzen und die Fugen glattstreichen

3 Die nächsten beiden Ziegellagen aufmauern. Sorgfältig und genau arbeiten – ist jeder Stein in Waage, im Lot und auf Linie mit den anderen? Sind die Stoßfugen genau um einen halben Stein versetzt? Die Fugen mit der Fugenkelle versäubern.

Fugen der Hochbeet-Innenwand
brauchen nicht ganz so exakt ausgeformt zu werden – einfach überschüssigen Mörtel abzustreifen genügt.

das Brett, das die Schmuckfliese festhält, mit zwei Ziegelsteinen beschweren

Reliefplatte so in die beim Mauern freigelassene Aussparung einsetzen, dass das erhabene Dekor aus der Wand hervorsteht, und horizontal wie vertikal exakt mittig ausrichten

4 Nun die nächsten drei Lagen Ziegel aufmauern, dabei an den Schauseiten quadratische Aussparungen für die Schmuckfliesen freilassen. Die Seitenflächen der Aussparungen mit Mörtel bestreichen und die Fliesen einsetzen. Ein quer darübergelegtes, mit ein paar Steinen beschwertes Brett hilft, sie in Position zu halten. Die Fliesen mit Ziegeln hinterfüttern (siehe Hinweis).

Hinweis

Wenn der Mörtel, der die Fliese hält, erhärtet ist, zwei mit Mörtel bestrichene Ziegelsteine hochkant hinter die Fliese schieben und ein Stück Holz so dahinterklemmen, dass sie bis zum Aushärten gegen die Fliese gedrückt werden.

Wasserwaage an den Rand der Platten halten, um sie exakt auf Linie zu bringen

5 Die letzte Ziegellage verlegen. Bitte beachten, dass für diese Schicht mehrere Steine (mit dem Maurerhammer) verkleinert wurden, damit die Stoßfugen in Nähe der Schmuckfliese nicht genau über den Stoßfugen der Ziegellage darunter zu liegen kommen (siehe Abb. S. 83). Dann die Anordnung der Platten für die Randabdeckung ausprobieren, so dass möglichst wenige zugeschnitten werden müssen. Die Platten je nach Beschaffenheit mit Breitmeißel und Fäustel oder mit dem Winkelschleifer zuschneiden und in eine 10 mm dicke Mörtelschicht betten. Mit der Wasserwaage so ausrichten, dass die Plattenkanten fluchten.

NIEDRIGE GARTENMAUER

Eine einfache Ziegelmauer hochzuziehen hat etwas Beglückendes, ja beinahe Meditatives: den weichen, glatten Mörtel mit der Kelle abzustechen und einen Stein auf den anderen zu setzen lässt einen ganz bei sich sein. Die freistehende niedrige Gartenmauer kann einen Vorgarten einfassen, eine Terrasse oder eine Blumenrabatte. Vielleicht geht es Ihnen ja aber auch um Ersatz für eine alte, baufällig gewordene Gartenmauer.

ZEITAUFWAND
drei Tage für drei Meter Gartenmauer

Kleiner Tipp
Die Mauer ist Ihnen zu niedrig? Zur Standsicherheit von höheren Mauern siehe S. 50.

WIR HABEN VERWENDET …
für eine drei Meter lange und ca. einen halben Meter hohe Mauer

… an Material:
- ca. 180 Ziegelsteine (WDF 210 x 100 x 65 mm, bei einem anderen Format entsprechend weniger oder mehr)
- Ziegelplatten (Terrakottafliesen, zurechtgeschnittene Biberschwanzziegel o. Ä.): 10 mm dick, 260 mm lang – bei einer Breite von 170 mm (wie hier) 36 Stück
- Mörtel: 1 Teil (25 kg) Zement und 4 Teile (100 kg) Sand

… an Werkzeug:
- Schaufel und Unterlage zum Mischen oder Betonmischer
- Schubkarre und Eimer
- Maurer- und Fugenkelle
- Wasserwaage
- Maurerhammer
- evtl. Fliesenschneider zum Zuschneiden der Ziegelplatten

EIN TRENNENDES ELEMENT, DAS VERBINDET

Eine Gartenmauer aus doppelten Ziegelsteinschichten wirkt gefälliger, verlässlicher und ist erheblich haltbarer als eine schmale, einreihige im einfachen Läuferverband. Der hier gewählte traditionelle Mauerwerksverband wird durch auskragende Ziegelplatten aufgelockert, die aber nicht nur eine dekorative Funktion haben, sondern auch eine ganz praktische: Zusammen mit dem abgeschrägten Fugenprofil leiten sie das Regenwasser von der Wand weg. Sollten Sie eine höhere Mauer in Erwägung ziehen, müssen Sie Stützpfeiler (siehe S. 50) und ein stabileres Fundament vorsehen. Bei einer Mauer, die doppelt so hoch werden soll, muss das Betonfundament in der Breite auf die dreifache Mauerstärke und in der Tiefe um 3 cm erweitert werden. Wer unerfahren ist und noch nie eine Mauer errichtet hat, sollte klein anfangen, auf keinen Fall aber höher bauen als zwei Meter.

Die niedrige Mauer hier im Buch wurde auf ein bestehendes Fundament gesetzt.

Gartenmauer und Längsschnitt durch den Unterbau

Aufbau der Gartenmauer

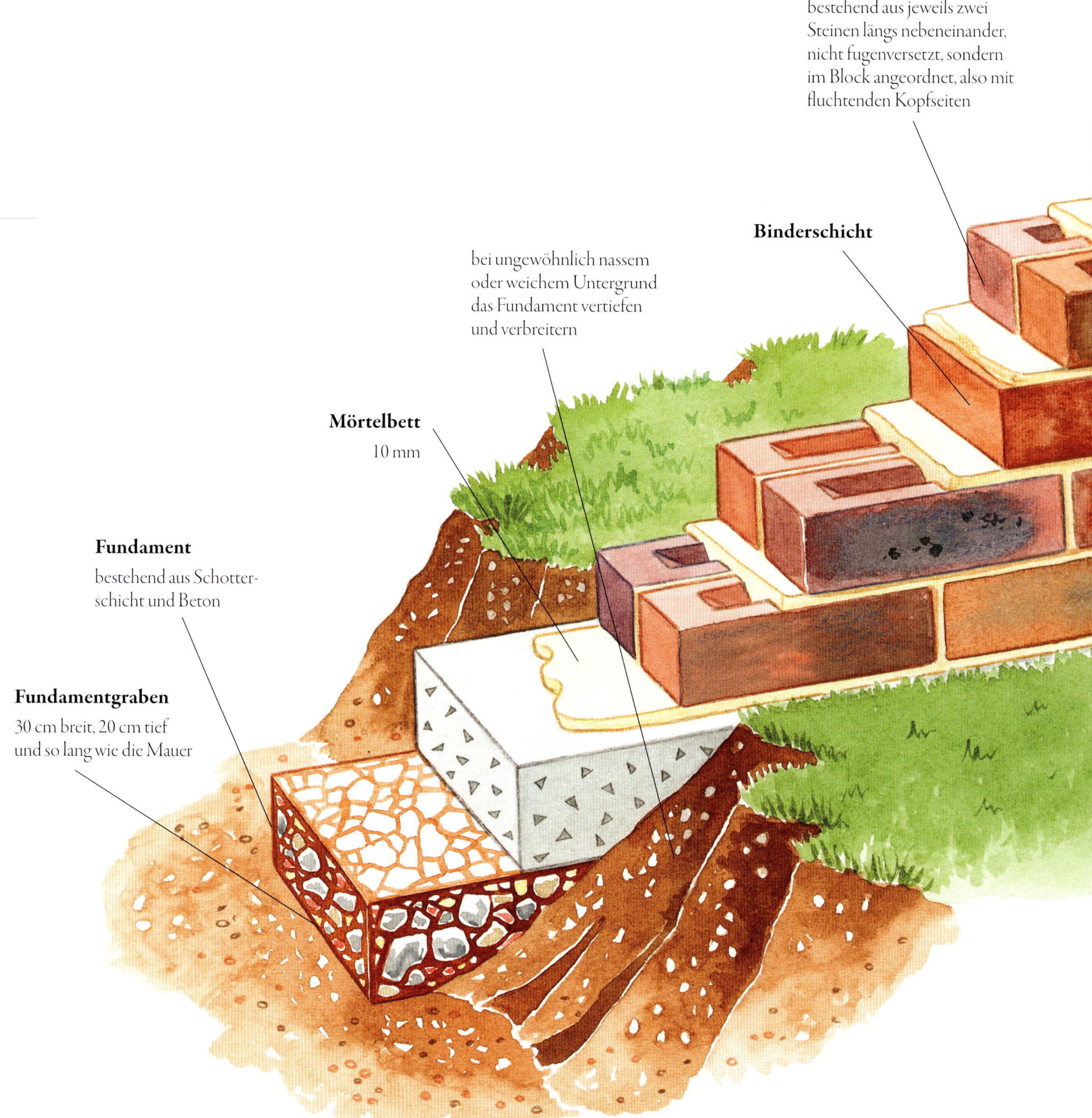

Mauerkrone als Roll-
schicht gearbeitet, also
Ziegel hochkant auf die
Längsseite gesetzt
Ziegelplatten
mit versetzten Stoß-
fugen angeordnet

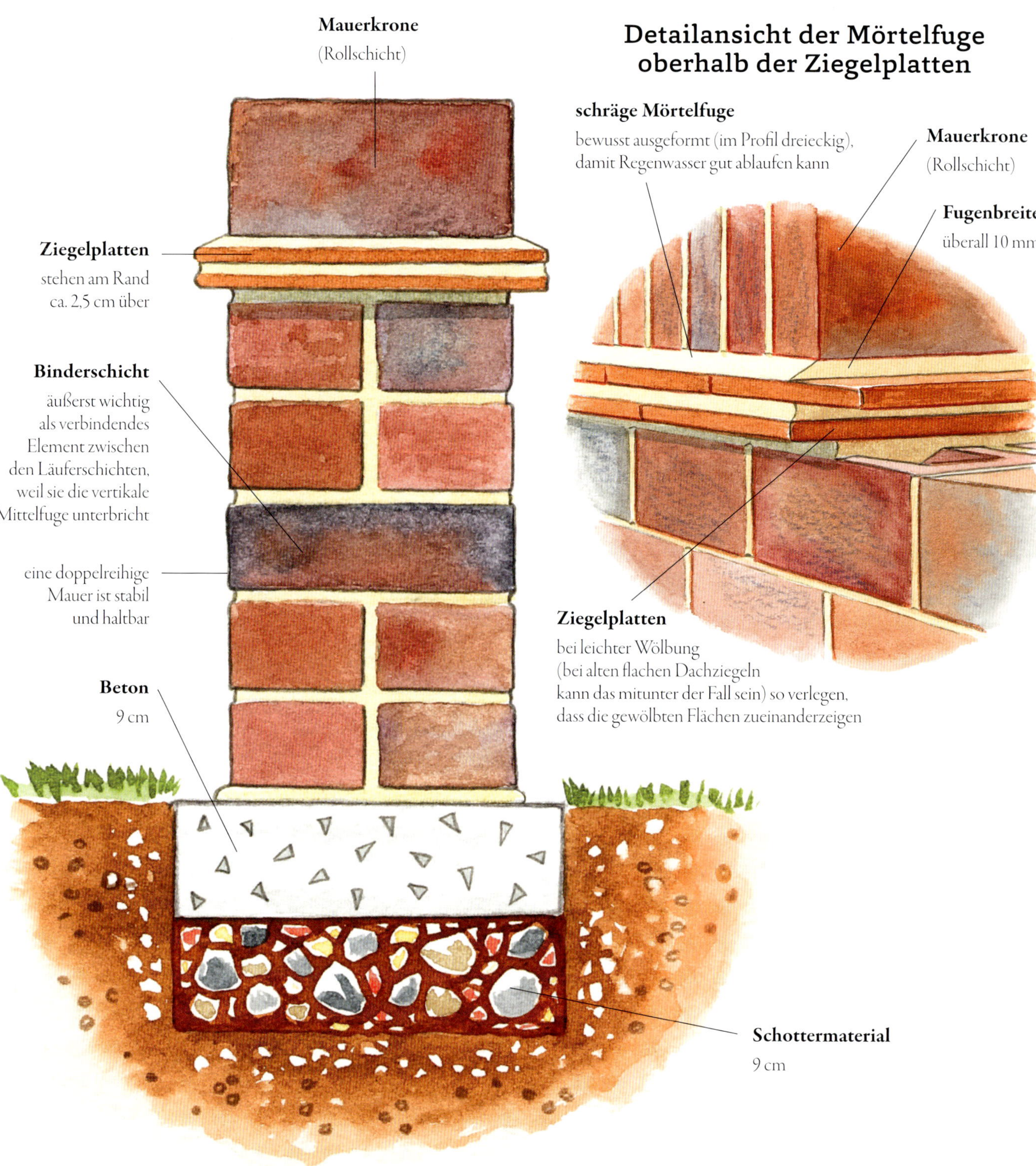
Mauerende und Querschnitt durch den Unterbau
Mauerkrone
(Rollschicht)
Ziegelplatten
stehen am Rand ca. 2,5 cm über
Binderschicht
äußerst wichtig als verbindendes Element zwischen den Läuferschichten, weil sie die vertikale Mittelfuge unterbricht
eine doppelreihige Mauer ist stabil und haltbar
Beton
9 cm
Schottermaterial
9 cm
Detailansicht der Mörtelfuge oberhalb der Ziegelplatten
schräge Mörtelfuge
bewusst ausgeformt (im Profil dreieckig), damit Regenwasser gut ablaufen kann
Mauerkrone
(Rollschicht)
Fugenbreite
überall 10 mm
Ziegelplatten
bei leichter Wölbung (bei alten flachen Dachziegeln kann das mitunter der Fall sein) so verlegen, dass die gewölbten Flächen zueinanderzeigen

NIEDRIGE GARTENMAUER SCHRITT FÜR SCHRITT

erste Ziegelschicht aus paarweise angeordneten Läufern im Mörtelbett

ein unter der Terrasse bereits vorhandenes solides **Fundament**

1 Sofern ein geeignetes Fundament vorhanden ist (siehe S. 35), kann gleich mit dem Aufmauern begonnen werden. Die erste Lage Ziegel in ein großzügig bemessenes, sog. Mörteldickbett setzen. Alle Fugen haben dieselbe Breite, nämlich 10 mm (reguläres Fugenmaß), und die Läufer werden in diesem Fall doppelreihig und paarweise verlegt. Wie immer sollen alle Steine in Waage sein – bitte überprüfen und gegebenenfalls nachbessern.

waagerechtes Ausrichten mit Richtlatte und Wasserwaage

Mörtelreste erst entfernen, wenn sie leicht angetrocknet sind

Verband aus Läufern paarweise im Block anordnen, die Stoßfugen seitlich um einen halben Stein versetzt

2 Nun die zweite Schicht setzen, sie besteht ebenfalls aus paarweise parallel verlegten Läufern, allerdings um einen halben Stein versetzt, damit die Stoßfugen nicht übereinanderliegen. Auch hier die horizontale Ausrichtung mit Richtlatte und Wasserwaage nachprüfen. Wie immer bei längeren Mauerabschnitten empfiehlt sich, eine Richt- bzw. Fluchtschnur (siehe S. 20) zwischen zwei Pflöcke zu spannen. Sie ist die Führungslinie, damit nichts krumm und schief wird und die Steine auf gleichmäßiger Lagerfuge in Waage und in Linie liegen.

NIEDRIGE GARTENMAUER SCHRITT FÜR SCHRITT

in Linie bringen mit dem Hammerstiel: seitlich gegen die Ziegel klopfen, bis alle Steine fluchten

dritte Ziegelschicht als Binderschicht verlegen, jeder zweite Binder sitzt genau mittig über der darunterliegenden Stoßfuge

3 Die dritte Ziegelreihe ist eine Binderschicht, das heißt, die Kopf- bzw. Stirnseiten der Ziegel zeigen nach außen. Jeden zweiten Stein genau mittig über die darunterliegende Stoßfuge setzen. Nicht nur die waagerechte, sondern auch die senkrechte Ausrichtung der Steine mit der Wasserwaage überprüfen und gegebenenfalls sachte mit dem Hammerstiel dagegen klopfen, bis alles fluchtet. Die vierte und fünfte Lage wie die erste und zweite als Läuferschicht aufmauern.

Ziegelplatten so positionieren, dass der Überstand auf beiden Seiten der Mauer gleich breit ist

zweite Lage Ziegelplatten fugenversetzt anordnen

4 Die Ziegelplatten in ein 10 mm dickes Mörtelbett setzen, auch die Lagerfuge zwischen den Platten ist 10 mm dick. Innerhalb einer Lage die Platten jedoch direkt aneinandersetzen, ohne Mörtelstoßfuge. Die zweite Lage fugenversetzt anordnen, dazu mit einer halben Platte beginnen (Platte mit dem Maurerhammer teilen).

Hinweis

Das Erscheinungsbild der Mauer wird stark geprägt von der Form und Struktur der Platten, Fliesen, Dachziegel, was auch immer Sie verwenden. Deshalb ist abzuraten von Betonplatten – deren Ränder machen optisch nicht viel her – und von sehr glatten Fliesen oder geschwungenen Dachziegeln, die sich nur schwer verarbeiten lassen.

Mauerkrone als Rollschicht verlegen (Ziegel hochkant auf der Läuferseite)

Mörteltaschen (sofern vorhanden) zeigen alle in dieselbe Richtung

5 Mörtel für die oberste Reihe auftragen, die Rollschicht auf die Ziegelplatten auftragen und die Steine quer zur Mauer hochkant auf ihren Längsseiten hineinsetzen (sofern Mörteltaschen vorhanden sind, zeigen sie alle in dieselbe Richtung, nur der letzte Stein muss umgedreht werden, damit die glatte Seite nach außen zeigt). Auch die Rollschicht in Linie bringen und senkrecht wie waagerecht ausrichten.

Fugen der abschließenden Rollschicht verfüllen, glattstreichen und bündig mit den Ziegeln abschließen lassen

Schutz der Mauer vor Regenwasser durch auskragende Ziegelplatten und schräg ausgearbeitete Lagerfuge

Mörtel schräg zu den Rändern der auskragenden Ziegelplatten hin verstreichen

6 Alle Fugen verfüllen und glattstreichen, sofern noch nicht geschehen, und dann die schräge Fuge oberhalb der auskragenden Ziegelplatten so ausformen, dass sie im Profil dreieckig erscheint (siehe Detailansicht S. 90). Dazu wird sie einfach mit der Fugenkelle schräg nach unten abgezogen.

SITZBANK MIT STAURAUM

Wenn der Schuppen aus allen Nähten platzt, gewinnen Sie mit dieser Sitzbank neuen Stauraum – sie ist praktisch und dekorativ zugleich. Außerdem bietet sich die Gelegenheit, eine typisch englische Tradition aufzugreifen: Rautenmuster im Mauerwerk, die sich – je nach Mauergröße – wiederholen und durch den kunstvollen Einsatz andersfarbiger, auskragender oder zurückgesetzter Ziegel entstehen.

ZEITAUFWAND
drei Tage
(sofern Fundament bereits vorhanden)

Kleiner Tipp
Die Sitzfläche ist recht schwer. Befestigt man sie mit Scharnieren, lässt sie sich leichter hochklappen.

WIR HABEN VERWENDET ...

für eine ca. 50 cm hohe Sitzbank, 1,40 m lang und 0,65 m breit

... an Material:

- 67 helle und 23 dunkle Ziegelsteine (WDF 210 x 100 x 65 mm)
- Mörtel: 1 Teil (10 kg) Zement und 4 Teile (40 kg) Sand
- Holz 40 × 60 mm für den Rahmen: 2 Latten 1,40 m lang und 6 Latten 0,57 m lang
- Holz für die Sitzfläche: 6 Bretter 20 × 100 mm, 1,40 m lang und 1 wasserfeste, für den Außenbereich geeignete Sperrholzplatte, 5 mm dick, 0,65 m × 1,40 m
- 16 Nägel, 100 mm, für den Rahmen und 36 Nägel, 50 mm, für die Sitzfläche

... an Werkzeug:

- Bandmaß und Kreide
- Wasserwaage
- Schaufel, Unterlage zum Mischen oder Betonmischer
- Schubkarre und Eimer
- Maurer- und Fugenkelle
- Maurerhammer
- Holzsäge (z. B. Fuchsschwanz)
- Zimmermannshammer

EINE SICHERE BANK

Ging Ihnen beim Anblick jener im Baumarkt aufgereihten Gartentruhen aus Kunststoff auch schon mal durch den Kopf, dass die ja durchaus praktisch wären – aber eben auch stockhässlich? Nun, wenn Sie eher nach etwas suchen, das nicht nur haltbar, sondern auch hübsch ist, dann ist dieses Projekt vielleicht das Richtige. Wir haben die Sitzbank am Rand der Terrasse platziert, wo in ihrem Bauch Gartengeräte, Blumentöpfe und anderer Kleinkram Platz finden – vor Regen geschützt, griffbereit und dennoch unsichtbar. Die Sitzfläche besteht aus Kiefernbrettern, mit Holzschutzmittel behandelt und auf eine wasserfeste Sperrholzplatte genagelt. Eichenbretter sähen hübscher aus, sind aber teuer. Wer keinen Stauraum braucht, sondern nur nach einer ausgefallenen Sitzgelegenheit sucht, kann das Mauerwerk niedriger halten und die Sitzfläche aus fetten Eisenbahnschwellen bauen. Das Rautenmuster aus dunklen Ziegeln ist einfach hinzubekommen und lässt sich leicht abwandeln. Streifen aus andersfarbigen Ziegeln, kontrastierende Ziegel an den Ecken, integrierte Terrakottaplatten oder glasierte Fliesen – vieles ist möglich.

Vorderansicht der Sitzbank mit Stauraum

Explosionsdarstellung der Sitzbank mit Stauraum

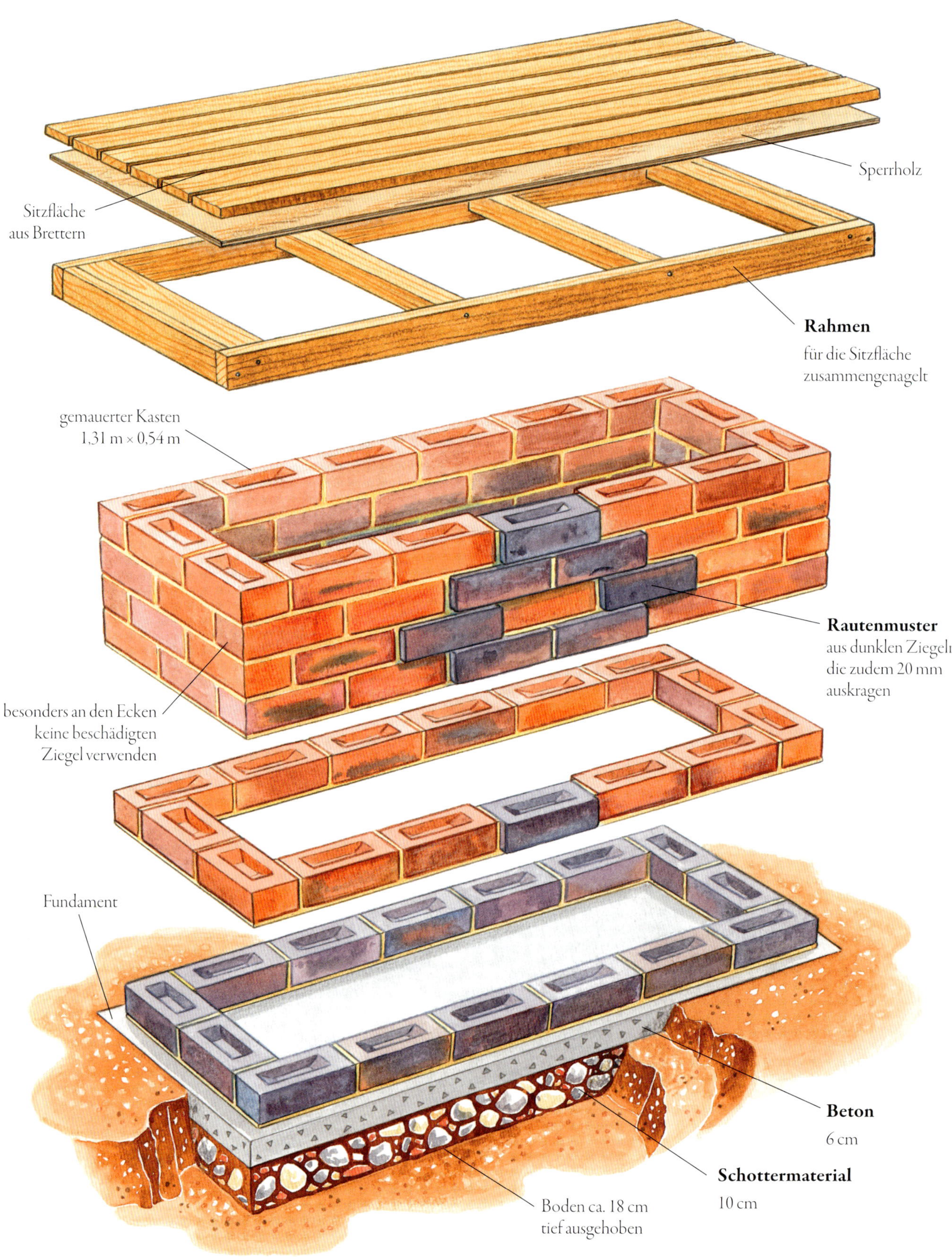

Erste Ziegelschicht – Draufsicht

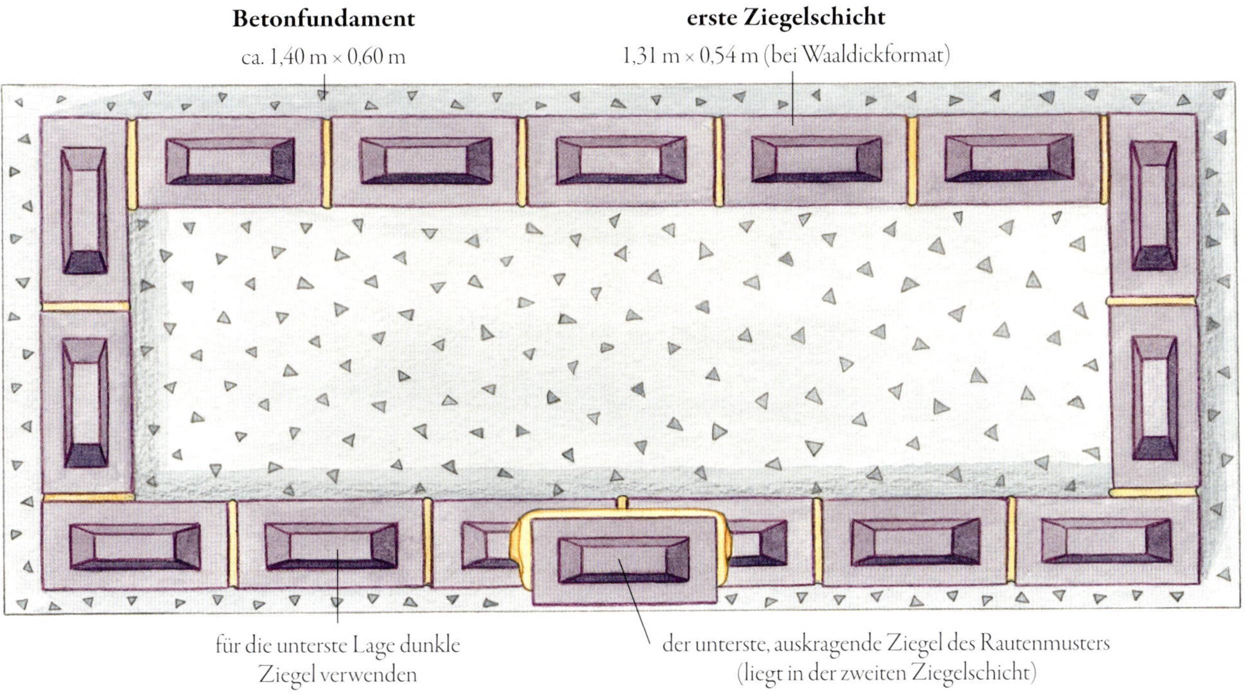

Schnitt durch die hölzerne Sitzfläche

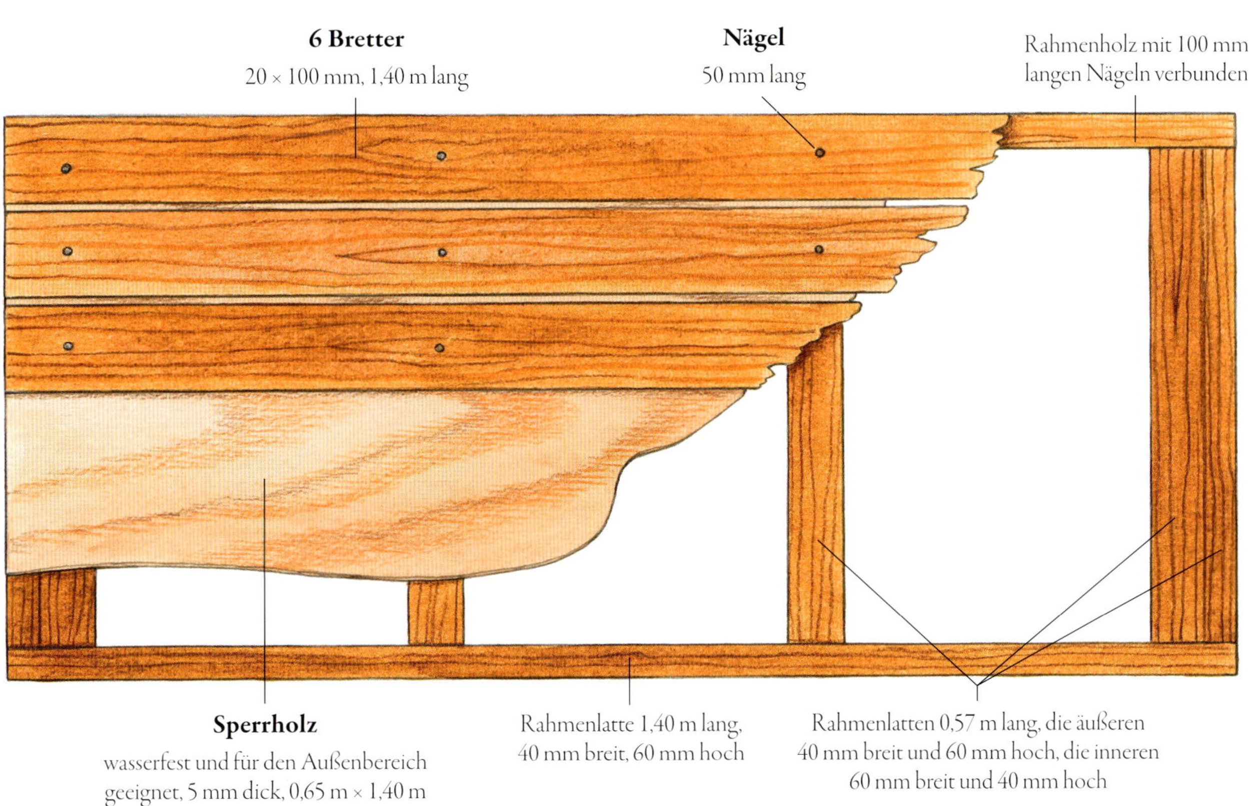

SITZBANK MIT STAURAUM SCHRITT FÜR SCHRITT

horizontale Ausrichtung der ersten Lage mit der Wasserwaage überprüfen

erste Läuferschicht in ein Mörteldickbett setzen

1 Mit Bandmaß und Kreide den Umriss der Sitzbank (1,31 m × 0,54 m bei Verwendung von WDF-Ziegeln) auf dem Fundament anzeichnen (falls ein bereits bestehendes Fundament genutzt wird siehe S. 35). Die erste Lage mit dunklen Ziegeln legen und darauf achten, dass alles in Waage und in Linie liegt. Die Fugenbreite beträgt für Stoß- wie Lagerfugen 10 mm.

> **Hinweis**
>
> Sie können die Größe der Sitzbank natürlich nach eigenem Gusto verändern. Der Einfachheit halber aber möglichst so, dass nur ganze Steine verlegt werden. Soll die Truhenbank an einer Mauer stehen, lassen Sie sich nicht verleiten, eine der vier Wände wegzulassen – denn wenn die bestehende Wand nicht mit den drei neuen im Verbund ausgeführt wird, fehlt dem Ganzen die nötige Stabilität.

zweite Läuferschicht um einen halben Stein versetzt

Ausrichten der Ziegel durch einen leichten Stups mit dem Hammerstiel

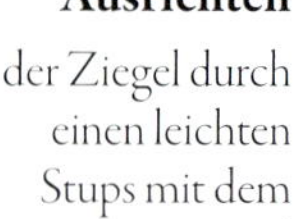

2 Das Mauerwerk mit den hellen Ziegeln weiter hochziehen und mit den dunklen das Rautenmuster erzeugen. Die dunklen stehen gegenüber den hellen um 20 mm vor. Jede Ziegelreihe um einen halben Stein versetzen.

überschüssigen Mörtel erst entfernen, wenn er leicht angezogen hat

Fluchtgenauigkeit mit der Wasserwaage überprüfen

Rautenmuster aus dunklen Ziegeln, die zudem 20 mm auskragen

3 Beim Aufmauern immer wieder die korrekte Lage, Fluchtgenauigkeit, waagerechte und senkrechte Ausrichtung prüfen, ebenso, ob die Fugenstärke überall gleich ist. Besonders bei den Steinen, die das Muster bilden, ist mit größter Sorgfalt zu arbeiten, da etwaige Fehler später unangenehm auffallen. Mit der Wasserwaage auch die senkrechte Ausrichtung der Fugen innerhalb des Musters kontrollieren.

Die **Maurerkelle** als Arbeitsfläche verwenden und mit der **Fugenkelle** die Lücken füllen

Zum **Verfugen** Mörtel in die Fugen schieben und festdrücken

4 Alle Fugen verfüllen und glätten, dabei an der Schauseite der Bank und rund um das Rautenmuster besonders sauber arbeiten. Dazu wie abgebildet einen Klecks Mörtel auf die Maurerkelle geben, mit der Fugenkelle etwas davon in die Fuge schieben und festdrücken, so dass keinerlei Hohlräume bleiben.

Bretter der Sitzfläche durch die Sperrholzplatte hindurch auf den Rahmen nageln

die Bretter mit den **kurzen Nägeln** an den Querverstrebungen des Rahmens befestigen

Sperrholzplatte zwischen den Brettern der Sitzfläche und den Latten des Rahmens

5 Die Sitzfläche aus Holz so bauen, dass sie über den gemauerten Kasten passt (nicht vergessen, dass in der obersten Ziegelreihe aufgrund des Rautenmusters ein Stein 20 mm vorsteht). Die Latten für den Rahmen mit den langen Nägeln verbinden, die Sperrholzplatte darüberlegen, darauf gleichmäßig die Bretter verteilen und mit den kurzen Nägeln befestigen.

ZEITAUFWAND
ein Tag fürs Fundament plus drei Tage für die Säulen

Kleiner Tipp
Sollen die Säulen höher aufragen, muss die quadratische Grundfläche vergrößert werden.

PORTALSÄULEN

Vergessen Sie die altersschwachen und klapprig-schiefen Zaunpfähle aus Holz oder die hässlichen Betonpfosten, die so manchen Garten verschandeln. Wie wäre es mit einem edlen, von zwei kugelgekrönten Säulen flankierten Portal im Stile englischer Landhausgärten? Ein kühnes, ja geradezu extravagantes, wenn auch nicht gerade bescheidenes Stück Gartenarchitektur, mit dem Sie ihrer Einfahrt oder dem Weg zur Haustür Klasse und Erhabenheit verleihen. Die auffälligen Kugeln machen die schlichten Säulen zu etwas ganz Besonderem.

WIR HABEN VERWENDET ...

für zwei reichlich einen Meter hohe Säulen im Abstand von ca. 80 Zentimetern

... an Material:

- knapp 180 Ziegelsteine (WDF 210 x 100 x 65 mm)
- 16 Ziegelplatten 10 mm dick (idealerweise flache Dachziegel wie Biberschwänze, die allerdings zuzuschneiden sind) auf 15 cm × 22 cm
- 2 Stein- oder Betonkugeln, knapp 30 cm hoch und mit einer quadratischen Grundplatte von knapp 30 cm Kantenlänge
- 0,3 m³ Steinschutt zum Schottern
- Beton: 1 Teil (120 kg) Zement und 4 Teile (480 kg) Betonkies (Korngröße 0–16)
- Mörtel: 1 Teil (20 kg) Zement und 4 Teile (80 kg) Sand

... an Werkzeug:

- Bandmaß, Pflöcke, Schnur, Richtlatte und Kreide
- Wasserwaage
- Spaten und Grabegabel
- Schubkarre und Eimer
- Schaufel und Unterlage zum Mischen oder Betonmischer
- Vorschlaghammer
- Maurer- und Fugenkelle
- Maurerhammer
- Breitmeißel und Fäustel
- Fliesenschneider (zum Zuschneiden der Ziegelplatten bzw. Dachziegel)

HEREINSPAZIERT!

Manch herrschaftliches Anwesen empfängt den Gast mit einem reich verzierten schmiedeeisernen Tor, flankiert von zwei hohen Säulen, nicht selten gekrönt von stattlichen Skulpturen, oft riesige steinerne Adler, die respekteinflößend ihre Schwingen ausbreiten ... unsere Portalsäulen sind nicht ganz so imposant, stehen aber in derselben Tradition und wirken auf ihre maßvoll verhaltene Art mindestens genauso grandios. Wir haben sie an niedrige Ziegelmauern gekoppelt, und so haben sie das Zeug, als optische Grenze beispielsweise zwischen Terrasse und Garten zu fungieren. Oder sie stehen im Vorgarten und tragen das Gartentor oder sie flankieren eine Treppe im Terrassengarten. Eigentlich können sie überall stehen – wo immer ein markanter Gartenbereich beginnt oder eine Geländestufe zu überbrücken ist. Eine sich anschließende Mauer, ein hölzerner Zaun oder eine hübsche Hecke verhindert, dass die Säulen verloren im Raum stehen.

Perspektivische Sicht auf die Portalsäulen

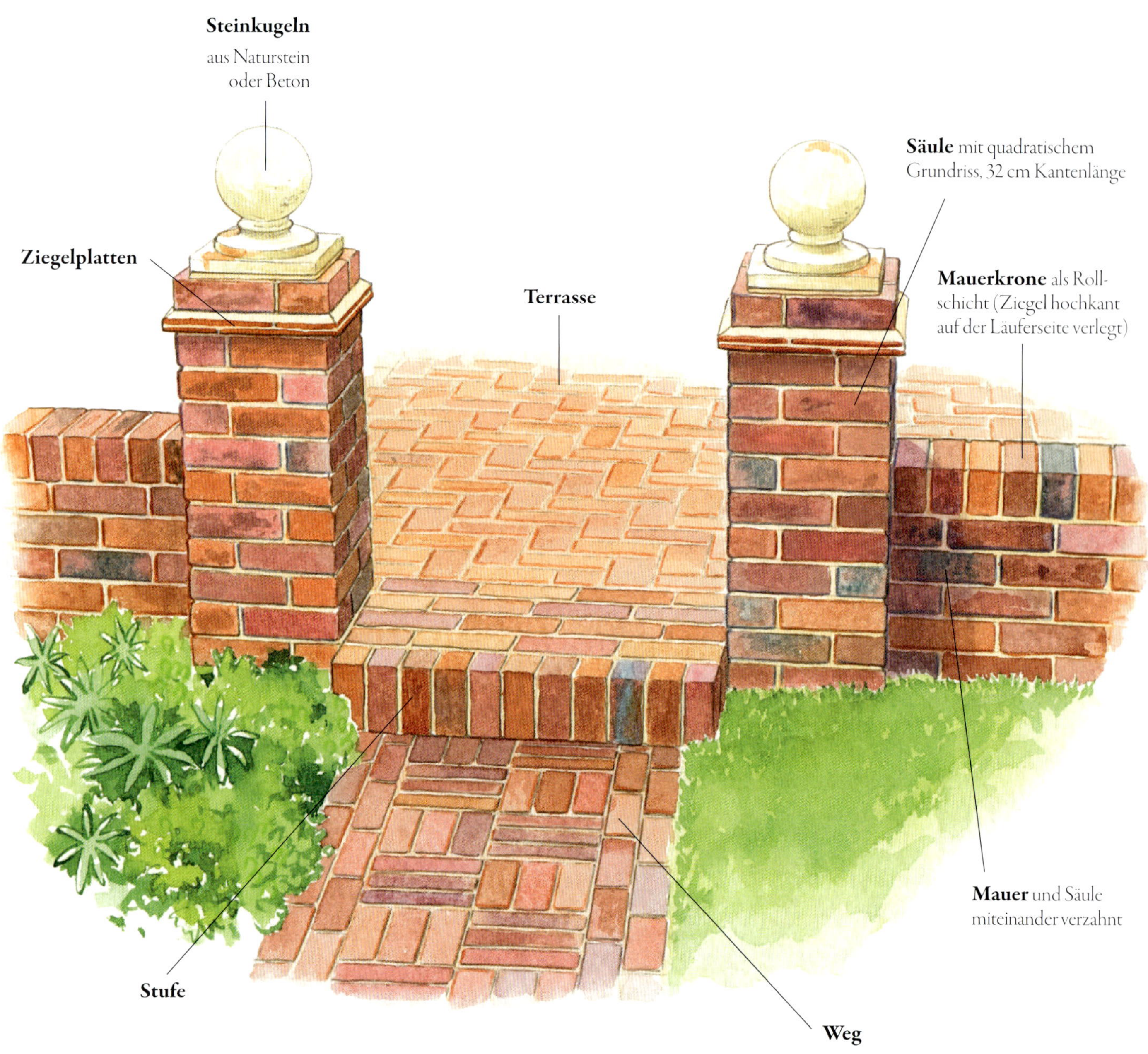

Explosionsdarstellung der Portalsäulen

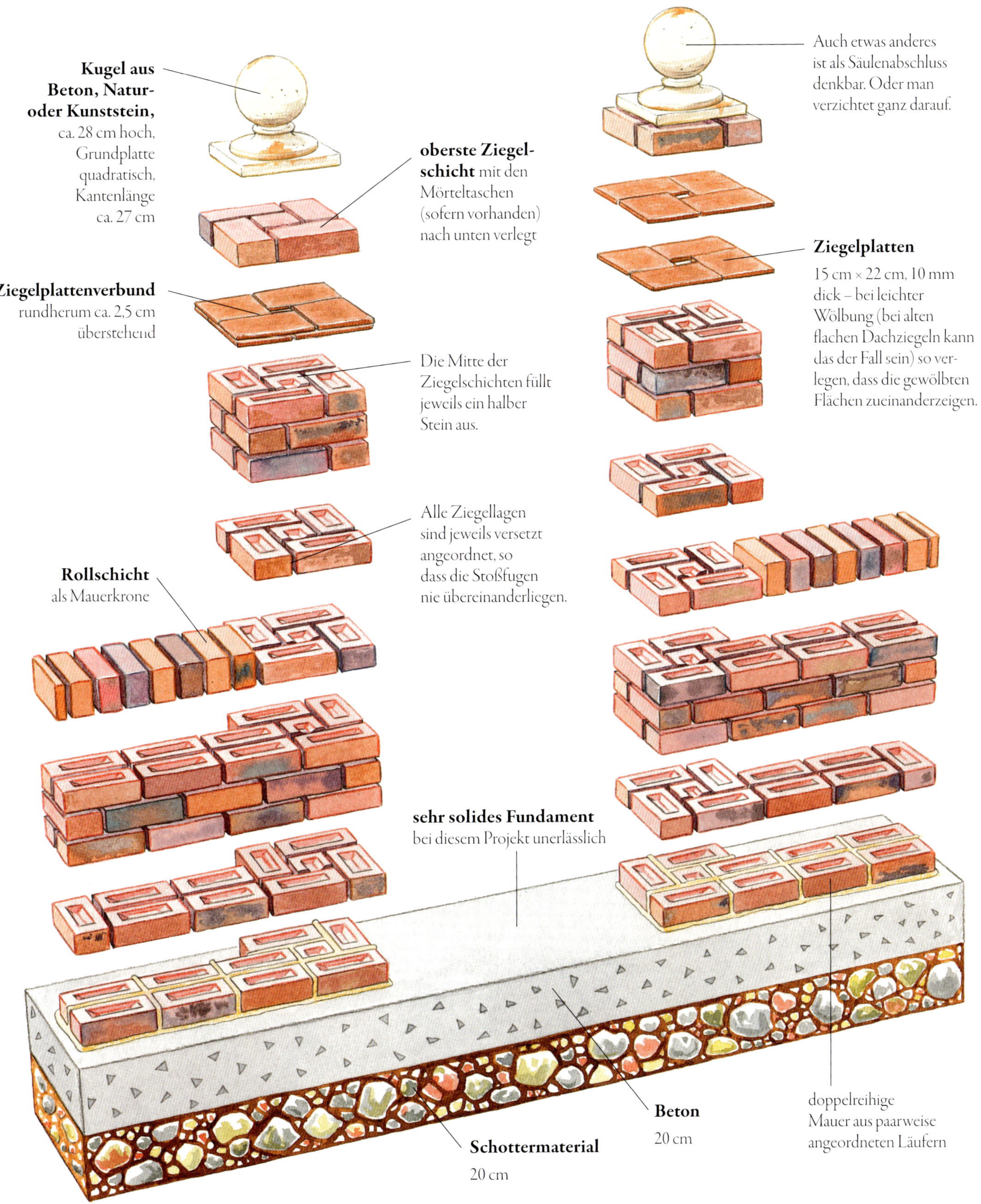

Portalsäulen, Vorderansicht

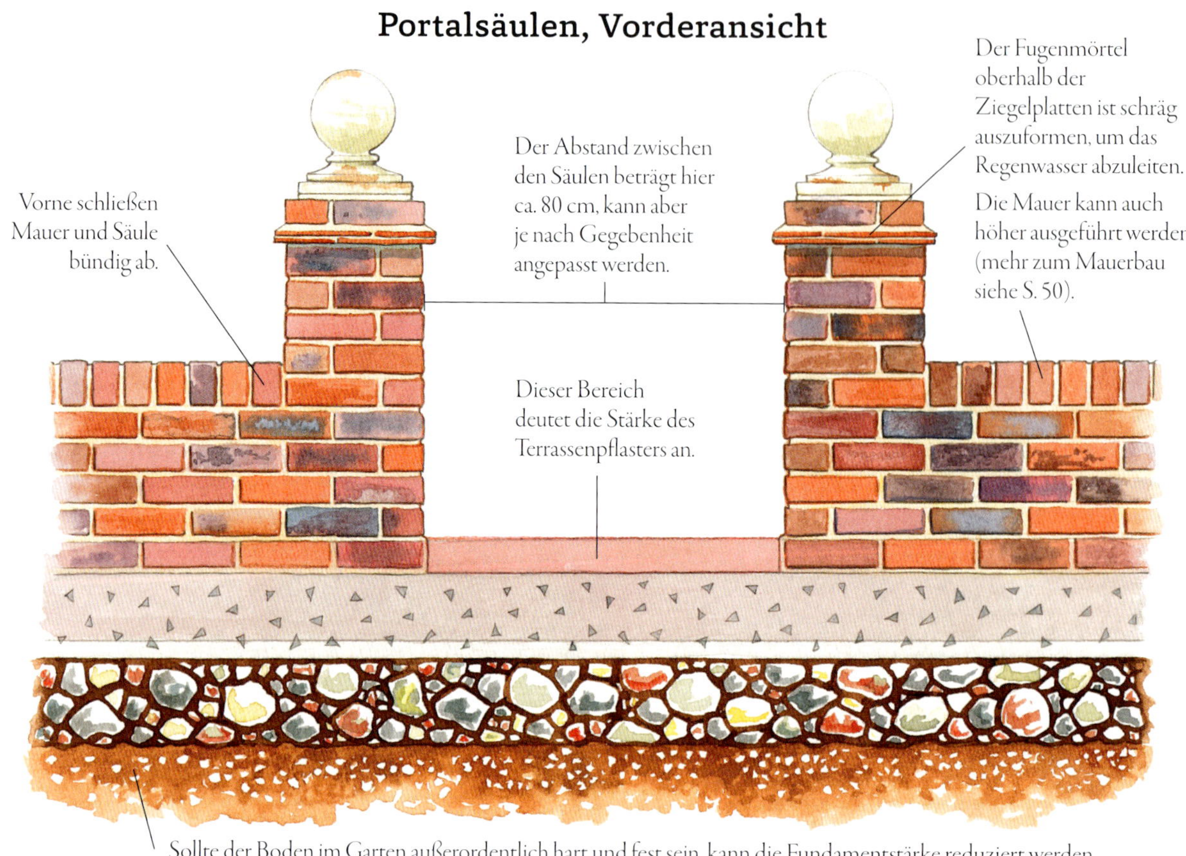

Portalsäulen, rückseitige Ansicht

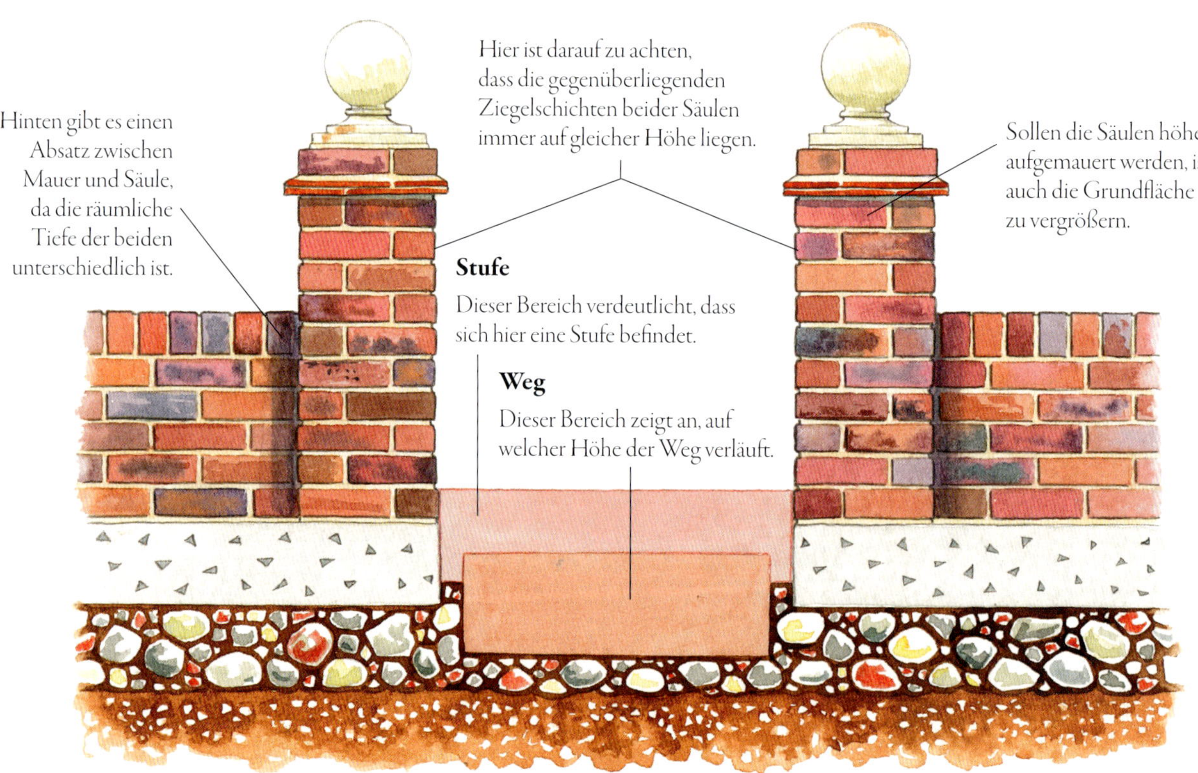

PORTALSÄULEN SCHRITT FÜR SCHRITT

Mauerwerksverband und Verzahnung von Säule und Mauer bitte der Explosionsdarstellung entnehmen

Ausrichtung jedes einzelnen Steins, jeder Kante und Mauerecke mit der Wasserwaage

1 Die Anlage der Säulen und sich anschließenden Mauern akribisch planen. Ist zwischen beiden Säulen eine Stufe vorgesehen, dann siehe S. 53 zur Anlage von Treppenstufen. Das Fundament muss mindestens 20 cm Beton aufweisen, aufgebracht über 20 cm verdichtetem Schottermaterial. Den Umriss des Ganzen mit Kreide anzeichnen und die erste Ziegellage probehalber ohne Mörtel auslegen. Dann zwei Ziegelschichten mit Mörtel vermauern, dabei jeden einzelnen Stein exakt ausrichten.

Hinweis

Ein ungenügendes Fundament – zu schmal, zu dünn oder generell nicht ordnungsgemäß ausgeführt –, hat oft Mauerwerksrisse zur Folge oder dass sich eine Säule neigt oder gar kippt. Lieber einen Puffer einbauen und ein stärkeres, solideres Fundament errichten als theoretisch erforderlich.

PORTALSÄULEN SCHRITT FÜR SCHRITT

überschüssigen Mörtel idealerweise etwas anziehen lassen und erst entfernen, wenn er krümelig geworden ist

Fugen an den Säulen nicht bündig mit den Ziegeln abschließend, sondern gekehlt – daher etwas auskratzen

2 Schon während des Aufmauerns der Säulen die Fugen mit der Spitze der Fugenkelle sauber auskehlen. Keinen Mörtel auf der Schauseite der Ziegel verschmieren (vor allem keinen nassen). Beim Auskratzen vorsichtig sein und nicht allzu viel wegnehmen.

Mauerkrone als Rollschicht ausführen (Ziegel hochkant auf die Läuferseiten setzen)

Fugen der Mauerkrone bündig glattstreichen, damit kein Regenwasser eindringt

Hohlräume und **Fugen an der Mauerfläche** mit Mörtel verfüllen und dann wieder leicht auskratzen, damit ein verwitterter Eindruck entsteht

3 Die niedrige Mauer fertig aufmauern und die Säule um weitere zwei Schichten erhöhen. Nun die Mauer beginnend an der Säule mit einer Rollschicht abschließen. Mit Wasserwaage und Hammerstiel die Ziegel der Rollschicht ausrichten. Die Fugen der Mauerfläche verfüllen und leicht auskehlen.

Ziegelplatten oder idealerweise alte flache Dachziegel

stoßfugenversetzt zwei Lagen Ziegelplatten übereinanderschichten

Überstand der Ziegelplatten rundherum gleichmäßig

4 Die beiden Säulen weiter hochziehen, dabei kontinuierlich überprüfen, ob die sich gegenüberliegenden Schichten auf genau gleicher Höhe liegen und die Säulenflanken und Kanten lotrecht sind. Ziegelplatten wie abgebildet in ein Mörtelbett setzen, die zweite Schicht Ziegelplatten ebenfalls, allerdings fugenversetzt. Falls alte, flache Dachziegel mit leichter Wölbung verwendet werden, sind sie so zu verlegen, dass die gewölbten Flächen zueinanderzeigen.

Grundplatte der Kugel anfeuchten, um sie ins Mörtelbett zu setzen

Mörteltaschen (sofern vorhanden) in dieser obersten Schicht nach unten zeigend

5 Über die Ziegelplatten eine abschließende Lage Ziegel setzen, hier allerdings mit den Mörteltaschen (sofern vorhanden) nach unten. Die Kugelskulpturen erst einmal ohne Mörtel aufsetzen, ausrichten und den Umriss mit Kreide anzeichnen. Nun innerhalb dieser Markierung Mörtel verteilen und die Kugel hineinsetzen. Alle Fugen überprüfen, gegebenenfalls Hohlräume verfüllen und die Fugen säubern.

ZEITAUFWAND
ein Tag fürs Fundament plus drei Tage für das Fass

Kleiner Tipp
Keinesfalls versuchen, den Rundturm ohne Stangenzirkel hochzuziehen – das geht mit Sicherheit schief!

ERDBEERFASS

Wie oft haben Sie schon Erdbeeren im Garten gepflanzt, nur um bestürzt festzustellen, dass wieder einmal eine ganze Armee Nacktschnecken drüber hergefallen ist und alle Früchte mit Stumpf und Stiel vernichtet hat? Zeit für eine buchstäblich höhere Stufe des Erdbeeranbaus und der Verteidigung gegen unerwünschte Angriffe. Außerdem ist die Ernte so erheblich rückenschonender möglich, vom malerischen Anblick eines derart grün überwucherten Backsteinturms ganz zu schweigen.

WIR HABEN VERWENDET …

für ein reichlich einen Meter hohes Erdbeerfass mit einem Durchmesser von ca. 75 cm

… an Material:

- ca. 120 Ziegelsteine – lieber ein paar mehr besorgen, falls es Bruch gibt beim Teilen
- 12 Schieferplatten, 6 mm dick, ca. 16 cm × 22 cm (oder andere dünne Platten, siehe Hinweis auf S. 114)
- ca. 400 Kieselsteine, Körnung 15–20 mm
- 0,1 m³ Steinschutt zum Schottern
- Beton: 1 Teil (30 kg) Zement und 4 Teile (120 kg) Betonkies (Korngröße 0–16)
- Mörtel: 1 Teil (25 kg) Zement und 4 Teile (100 kg) Sand
- Holz für den Stangenzirkel: 1 Brett ca. 41 cm lang, 20 × 70 mm
- Metallrohr für den Stangenzirkel, Durchmesser ca. 30 mm, ca. 1,65 m lang
- Drainagerohr zum Entwässern der Erde im Fass, 100 mm im Durchmesser, 1 m lang

… an Werkzeug:

- Bandmaß, Pflöcke und Schnur
- Spaten
- Schubkarre und Eimer
- Schaufel und Unterlage zum Mischen oder Betonmischer
- Vorschlaghammer
- Maurerhammer
- Wasserwaage
- Bohrmaschine und Steinbohrer im Durchmesser des Metallrohrs
- Feststellzange
- Breitmeißel und Fäustel
- Maurer- und Fugenkelle
- Gummihammer
- Fliesenschneider

BEERENLIEBE

Dieses Hochbeet in Form eines Fasses wurde speziell für den Anbau von Erdbeeren konzipiert und ist, da es zudem auch an einen verwunschenen Rapunzelturm erinnert, ein besonders dekoratives Element im Garten. Am besten steht das Turmfass an einer sonnigen Stelle oder als Mittelpunkt eines geometrischen Gemüsebeets oder eines wild-romantischen Ziergartens im Landhausstil. Wer lieber Blumen hineinpflanzen möchte, kann die Anzahl der Pflanztaschen erhöhen und an die Nordseite Blumen setzen, die weniger Sonne benötigen.

Falls gewünscht, lässt sich die Höhe des Fasses reduzieren. Der gesamte Rundbau wird aus halben Steinen gemauert, also am besten eine Ziegelsorte wählen, die sich gut teilen lässt. Sieht alles kompliziert aus, ist aber tatsächlich relativ einfach, sofern man einen Stangenzirkel verwendet (siehe S. 46), der einem die Hauptarbeit beim Gestalten der Rundung abnimmt. Der Erdbeerturm hat durchaus das Zeug, zum Prunkstück des Gartens zu avancieren und den Erbauer mit Stolz zu erfüllen – geben Sie sich also besonders bei den Fugen Mühe und verzichten Sie auch nicht auf die schmückenden Kieselsteine!

Vorderansicht mit Stangenzirkel und Schnitt durch den Unterbau

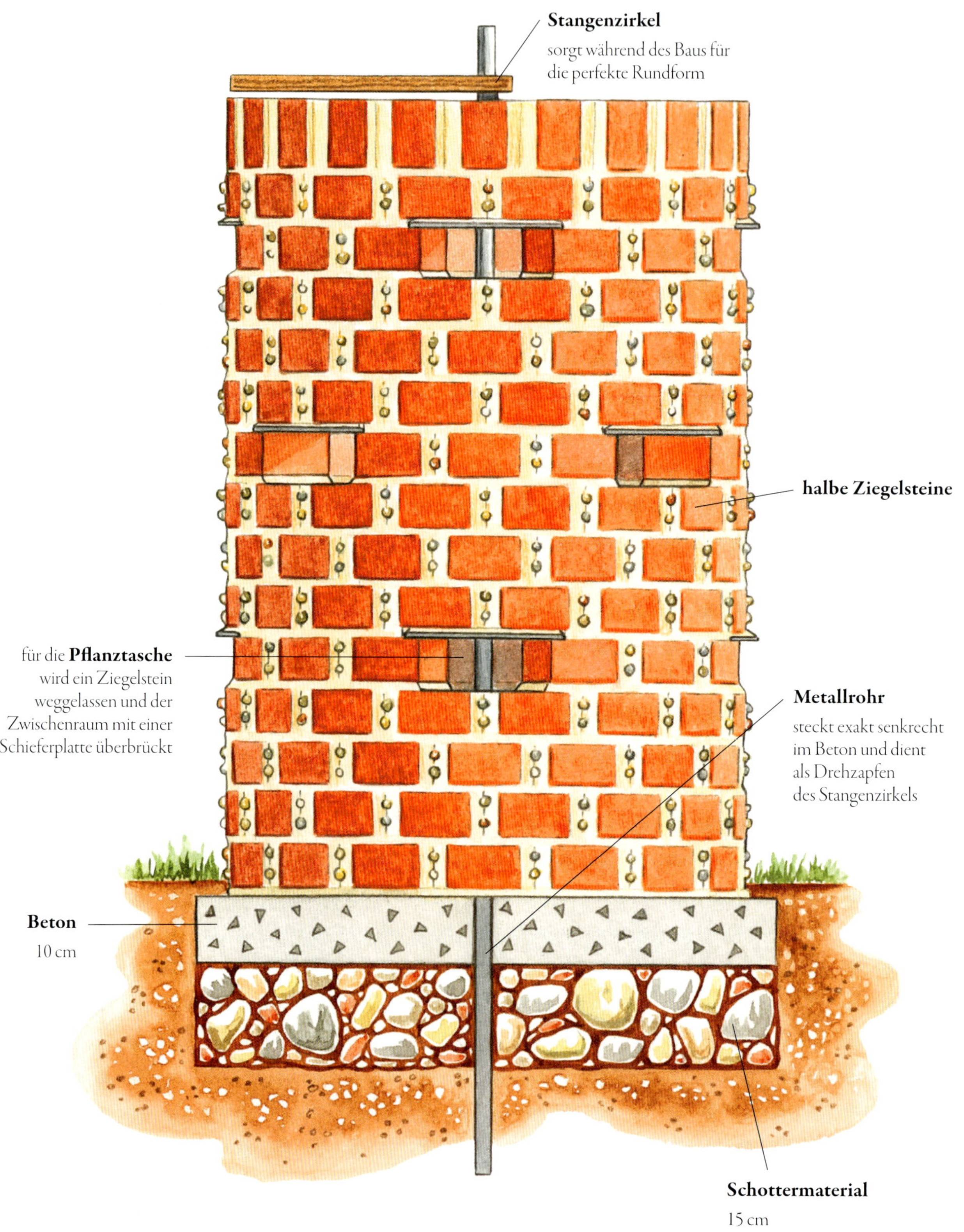

Explosionsdarstellung des Erdbeerfasses

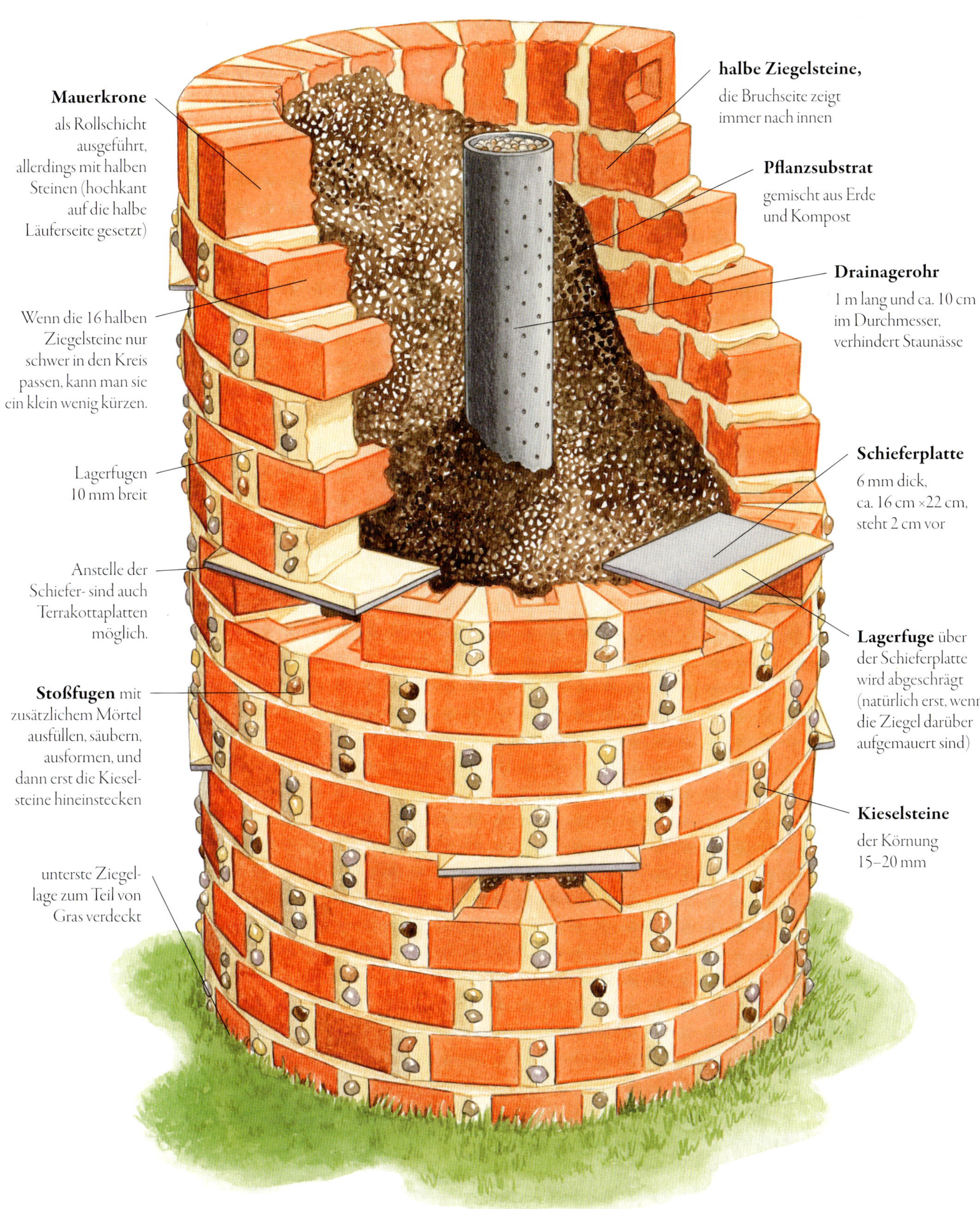

Anordnung der halbierten Steine und des Stangenzirkels – Draufsicht

Anordnung der Schieferplatten über den Pflanztaschen – Draufsicht

ERDBEERFASS SCHRITT FÜR SCHRITT

Feststellzange so am Metallrohr befestigen, dass der Zirkelarm in der richtigen Höhe waagerecht aufliegt

Mit dem **Zirkelarm** des Stangenzirkels gelingt es, die Steine korrekt im Kreis zu positionieren.

1 Ein ebenes Fundament bauen, das Metallrohr genau mittig in den noch feuchten Beton einschlagen und mit der Wasserwaage exakt senkrecht ausrichten. Wenn der Beton fest ist, einen Stangenzirkel improvisieren (siehe S. 46), dessen Arm sich um das Metallrohr dreht und in der jeweils richtigen Höhe auf einer am Metallrohr befestigten Feststellzange aufliegt. Die erste Ziegellage probehalber ohne Mörtel auslegen – 16 halbierte Ziegelsteine sollten in den Kreis passen.

waagerechtes Ausrichten des Steins durch sachtes Klopfen auf den Zirkelarm

Wasserabzug – durch späteres Entfernen der Holzleiste bekommt das Pflanzgefäß ein Drainageloch

2 Mörtel anrühren und die erste Ziegellage mit dem Zirkelarm als Positionierungshilfe in ein 10 mm dickes Mörtelbett setzen. Zwischen zwei Steinen ein Stück Holz platzieren, um ein Wasserabzugsloch freizuhalten (wird nach Fertigstellung des Fasses entfernt). Mit dem Gummihammer auf das Ende des Zirkelarms klopfen, um die Steine waagerecht im Mörtel auszurichten. Dann die horizontale Ausrichtung der gesamten Ziegelreihe mit der Wasserwaage überprüfen.

ERDBEERFASS SCHRITT FÜR SCHRITT

keilförmige Stoßfugen mit Mörtel verfüllen

Fugenverzierung aus Kieselsteinen in den feuchten Mörtel drücken

3 Weitere Ziegellagen aufmauern. Nach jeder Schicht die keilförmigen Stoßfugen mit Mörtel verfüllen, glätten bzw. ausformen und zwei Kieselsteine hineinstecken. Das Verfüllen der Fugen braucht etwas Übung – nicht verzagen, wenn es die ersten Male nicht klappt! Einfach den Mörtel wieder herauskratzen und erneut verfüllen.

Feststellzange nach oben schieben bis auf Höhe Oberkante Schieferplatte, damit der Zirkelarm waagerecht aufliegt

Schieferplatte so weit nach außen schieben, dass sie ca. 2 cm übersteht

4 Die Rundmauer weiter hochziehen bis zur fünften Ziegelreihe. Hier für die Pflanztaschen vier Steine in regelmäßigem Abstand weglassen. Schieferplatten zuschneiden und mit einem Überstand von ca. 2 cm über die Öffnungen legen. Nach Setzen der nächsten Ziegelschicht den überstehenden Teil der Platte mit Mörtel bedecken und diesen schräg abziehen.

Hinweis

Beim Schneiden der Platten entstehen mitunter scharfe Kanten – diese nach innen zeigen lassen oder Ecken und Kanten mit dem Winkelschleifer glätten. Anstelle von Schieferplatten lassen sich auch Terrakottafliesen oder Kunstschiefer- bzw. Faserzementplatten verwenden.

Rollschicht aus halben Ziegelsteinen, hochkant auf die (halbierte) Läuferseite gesetzt, als dekorativer Abschluss

5 Zwischen den Schichten mit Pflanztaschen sind immer drei reguläre Ziegellagen aufzumauern. Nachdem drei Reihen mit je vier Pflanztaschen (macht in Summe 12 Pflanztaschen) fertiggestellt sind, kommt noch einmal eine reguläre Ziegellage darüber, die gekrönt wird von einer abschließenden Rollschicht. Alle Fugen mit Mörtel verfüllen, mit der Fugenkelle ausformen und mit Kieselsteinen bestücken. Nur bei der abschließenden Rollschicht wird auf Kieselsteine verzichtet, dafür können hier die Stoßfugen besonders kunstvoll ausgeformt werden. Nach ein paar Tagen das Metallrohr entfernen – einfach mehrmals hin- und herbiegen, bis es ab- oder herausbricht. Nun zunächst Tonscherben (z. B. zerbrochene Blumentöpfe aus Ton) als Drainageschicht ins Erdbeerfass füllen, dann das Drainagerohr senkrecht mittig hineinstellen, festhalten und rundherum Erde auffüllen. Erdbeerpflanzen in die Pflanztaschen setzen.

ZEITAUFWAND
vier Tage (fünf, falls noch ein Fundament gebaut werden muss)

Kleiner Tipp
Die Oberfläche der Stufen muss eben sein und darf keine Stolperfallen aufweisen. Höhe und Breite der Stufen müssen ausgewogen sein und sind auf die örtlichen Gegebenheiten abzustimmen (siehe S. 53).

HAUSEINGANGSSTUFEN MIT SEITLICHER RUNDUNG

Praktisch gesehen dienen die Stufen vorm Hauseingang der bequemen Überwindung eines Höhenunterschieds. Emotional gesehen sind sie viel mehr – eine große Geste des Willkommens. Die hier vorgestellten, recht traditionell gehaltenen Backsteinstufen, die zudem recht gefällig wirken, weil sie nach einer Seite hin in einem Viertelkreis auslaufen, bilden eine kleine Terrasse vor der Tür. Dort finden Kübelpflanzen oder andere dekorative Elemente Platz.

WIR HABEN VERWENDET ...

für zwei Hauseingangsstufen mit seitlichem Viertelkreisabschluss, insgesamt reichlich 2 m lang, reichlich 1 m breit und knapp 30 cm hoch

... an Material:

- ca. 170 Ziegelsteine (WDF 210 x 100 x 66 mm)
- 0,25 m³ Steinschutt zum Schottern
- Beton: 1 Teil (100 kg) Zement und 4 Teile (400 kg) Betonkies (Korngröße 0–16)
- Mörtel: 1 Teil (20 kg) Zement und 4 Teile (80 kg) Sand
- Holz: 1 Latte 20 × 40 mm, ca. 1,10 m lang, als Zirkelarm und Richtlatte, sowie 2 Kanthölzer zum Verdichten des Betons, einmal 30 cm lang mit 75 × 75 mm und einmal 45 cm lang mit 50 × 100 mm
- 2 kräftige Nägel, 145 mm lang, für den Stangenzirkel

... an Werkzeug:

- Bandmaß und Kreide
- Spaten
- Schubkarre und Eimer
- Schaufel und Unterlage zum Mischen oder Betonmischer
- Vorschlaghammer
- Zimmermannshammer
- Wasserwaage
- Maurer- und Fugenkelle
- Maurerhammer
- Breitmeißel und Fäustel

GEHOBENE WILLKOMMENSKULTUR

Der erste Eindruck ist der wichtigste – zumindest sagt man so, wenn man einen Menschen zum ersten Mal sieht. Für den Eingangsbereich des Hauses gilt dasselbe. Dekorative Stufen, in einem ansprechenden Muster verlegt, werden bestimmt Eindruck machen bei Ihren Gästen, und weil sie großzügig bemessen sind, kann man zudem bequem darauf stehen.

Bei der Planung von Stufen und Treppen kommt es besonders auf das Setzstufenmaß an, also die Höhe jeder einzelnen Stufe. Es sollte nicht mehr als 23 cm und nicht weniger als 6 cm betragen – ein gutes Mittelmaß liegt bei 15 cm.

Möglicherweise müssen Sie das Projekt an die bei Ihnen vorliegenden Gegebenheiten anpassen (zur Planung von Treppen und Stufen siehe S. 53). Sollte die Fläche rund um die Stufen bereits gepflastert sein, ist zu überlegen, wie der Belag nach dem Bau der Stufen wieder hergestellt werden kann.

Planen und bauen Sie ein Betonfundament mit Gefälle vom Haus weg (ca. 12,5 mm Höhendifferenz auf einen Meter Distanz). Dazu ist existierendes Pflaster zu entfernen, der Boden 20 cm tief auszuschachten, dann verdichtetes Schottermaterial 10 cm dick einzubringen und darauf 10 cm Beton zu gießen.

Schnitt durch Hauseingangsstufen und Unterbau

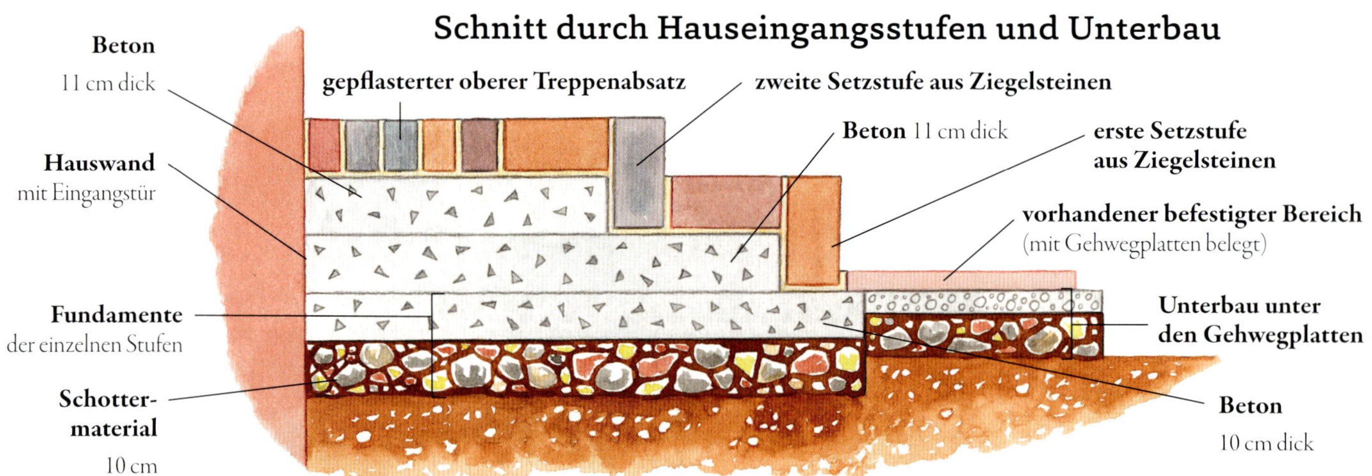

Dieses **Verlegemuster** ist das erste, was man wahrnimmt, wenn man sich Ihrem Hauseingang nähert. Wer unsicher ist, ob alles passt, vor allem auch die zurechtgeschnittenen Steine, legt die Ziegel erst einmal probehalber ohne Mörtel aus.

6 Sobald der Beton ausgehärtet ist, die Ziegel wie abgebildet in zwei unterschiedlichen Mustern verlegen: Zunächst einmal die geraden Reihen (Rollschicht und fugenversetzte Läuferschichten), dann den geschwungenen Stufenteil, also den oberen Viertelkreis, mit im rechten Winkel versetzten Läufern. Die Ziegel mit dem Maurerhammer oder mit Breitmeißel und Fäustel teilen bzw. zuschneiden. Zum Schluss die Fugen mit erdfeuchtem Mörtel ausfüllen und mit der Fugenkelle glattstreichen.

Hinweis

Generell die Stufen so ausrichten, dass deren Oberflächen ein geringes Gefälle vom Haus weg aufweisen.

ZEITAUFWAND
sechs Tage – nicht mehr als vier Ziegelschichten pro Tag aufmauern!

Kleiner Tipp
Zum Hochziehen von Mauern und zum Bau von Stützpfeilern siehe S. 50.

WANDNISCHE MIT SEGMENTBOGEN

Eine Nische in einer Wand – das wirft Fragen auf. Wieso ist sie da? Wozu dient sie? Ist es ein Schrein? Oder wurde da ein Fenster zugemauert? Warum? Und wann? Wer seinem Garten etwas Rätselhaftes verleihen möchte, ist mit so einer geheimnisvollen Wand samt Nische bestens bedient. Unser Bogen hier ist zwar nur ein einfacher Segmentbogen, aber nicht minder reizvoll und komplex in der Herstellung – eine Herausforderung, die Ihr Geschick auf vergnügliche Weise auf die Probe stellt.

WIR HABEN VERWENDET ...

für eine Ziermauer mit Nische, ca. 1,60 m hoch und reichlich 1,40 m breit

... an Material:

- ca. 280 Ziegelsteine (WDF 210 x 100 x 65 mm)
- 1 Steinplatte als Fenstersims, 40–65 mm dick, 25 cm × 54 cm
- 0,1 m³ Steinmaterial zum Schottern
- 1 Schaufel Sand
- Beton: 1 Teil (30 kg) Zement und 4 Teile (120 kg) Betonkies (Korngröße 0–16)
- 20 Nägel, 40 mm lang
- Mörtel: 1 Teil (30 kg) Zement und 4 Teile (120 kg) Sand
- Holz für den Schalbogen: 10 Leisten, 8,5 cm lang, 20 × 30 mm sowie 2 Sperrholzplatten, 6 mm dick, 12 cm × 56 cm
- Holz für einen Stangenzirkel: 1 Latte 70 cm lang, 20 × 40 mm

... an Werkzeug:

- Bandmaß, Pflöcke, Schnur, Richtlatte und Kreide
- Spaten
- Schubkarre und Eimer
- Schaufel, Unterlage zum Mischen oder Betonmischer
- Maurer- und Fugenkelle
- Maurerhammer
- Breitmeißel und Fäustel
- Gummihammer
- Wasserwaage
- Holzsäge (z. B. Fuchsschwanz)
- Stichsäge
- Zimmermannshammer
- Vorschlaghammer

ZUR SCHAU GESTELLT

Schon für sich allein wirkt die Nische dekorativ, sie kann aber auch den Rahmen bilden für etwas, das effektvoll in Szene gesetzt werden soll. Wir haben uns hier für eine kleine Statue entschieden, aber auch ein Mosaikbild, ein altes Wagenrad oder irgendwelcher kurioser Trödel könnte hier zur Schau gestellt werden. Oder man baut die Nische tiefer und breiter und nutzt den Sims als Sitzgelegenheit – eine Art Philosophenbank aus Backstein.

Dieses Projekt ist nicht ganz einfach: Die versetzten Stoßfugen (jeweils alle zwei Reihen) müssen vertikal streng fluchten, sonst gibt das Ganze kein Bild, vor allem die Nischenlaibung nicht. Aber die Mühe lohnt sich.

Vorderansicht der Wand mit Nische und Schnitt durch den Unterbau

Aufbau der Bogenlehre – Aufrissdarstellung (eine Sperrholzplatte fehlt)

Aufbau der Bogenlehre – perspektivische Darstellung

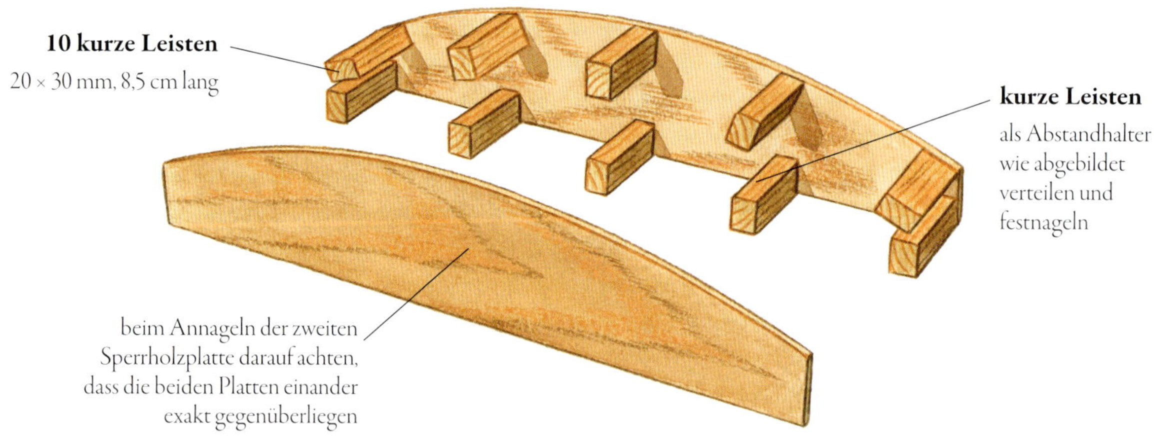

Einpassung und Unterfütterung der Bogenlehre

Explosionsdarstellung der Mauer mit Wandnische

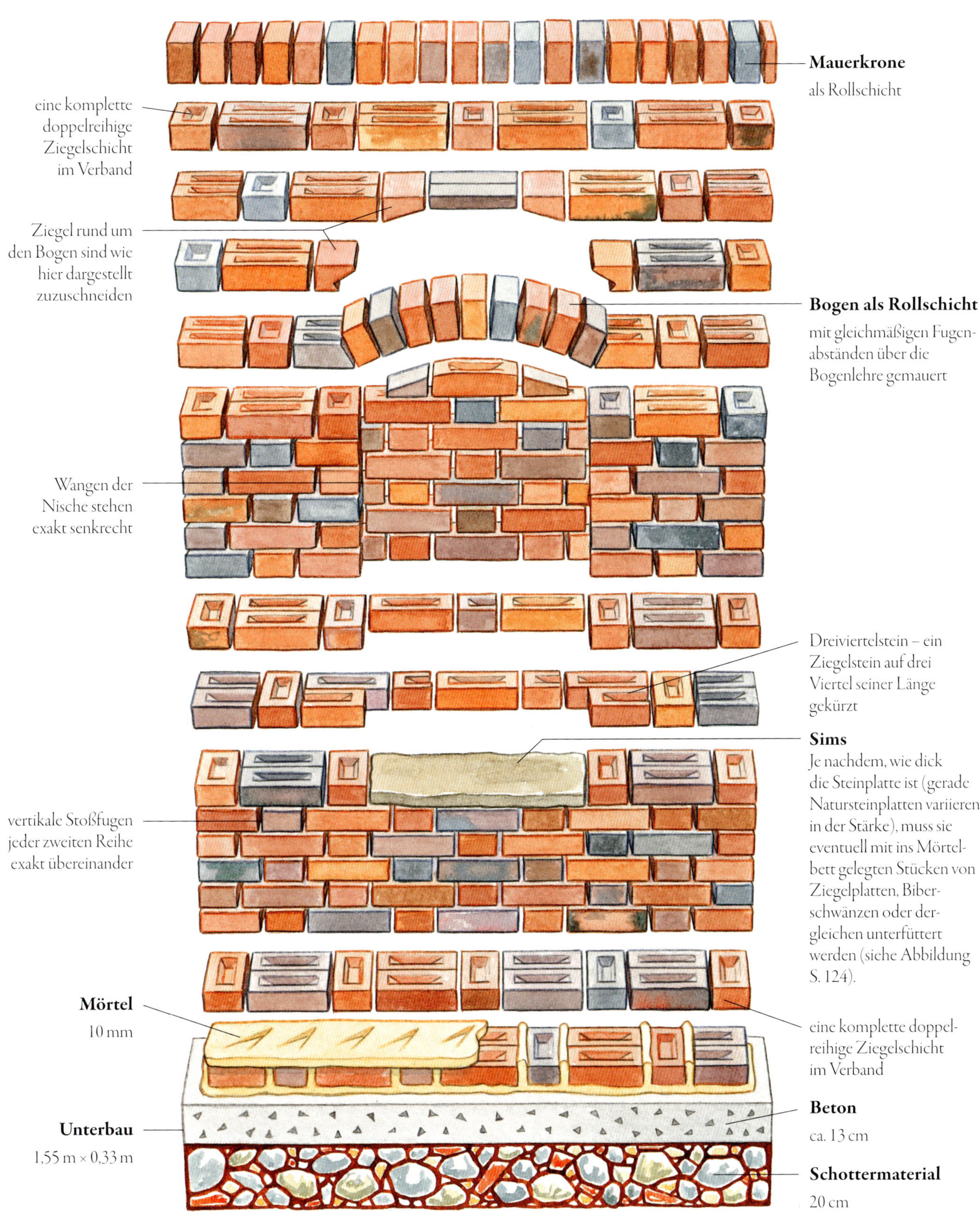

WANDNISCHE MIT SEGMENTBOGEN SCHRITT FÜR SCHRITT

Mauer hochziehen bis zur Unterkante der Nische

Flämischer Verband – ein außerordentlich stabiler Mauerverband

1 Zuerst einen Unterbau errichten, reichlich 1,5 m lang und gut 30 cm breit, bestehend aus einer 20 cm dicken Schotter- und einer ca. 13 cm dicken Betonschicht. Wenn der Beton ausgehärtet ist, wird die erste Schicht Ziegel verlegt. Die Mauer ist doppelreihig und damit so tief wie zwei längs nebeneinanderliegende Ziegelsteine, wird aber im Flämischen Verband errichtet. Zunächst sind sieben Ziegelschichten aufzumauern. Mit Richtlatte, Wasserwaage und Gummihammer immer wieder für die exakt waagerechte und senkrechte Ausrichtung sorgen. Fugen auskratzen und säubern, ehe der Mörtel abbindet.

Steinplatte im Mörtelbett waagerecht ausrichten und gegebenenfalls mit Stücken von Schiefer- oder Ziegelplatten unterfüttern

2 In der achten Schicht mittig Platz lassen für die Steinplatte. Passt sie? Zur Probe die Platte in die Aussparung legen. Rechts und links soll sie mit den Stoßfugen der sechsten Schicht abschließen, gegebenenfalls ist sie zuzuschneiden. Nun die Platte so auf ein dickes Mörtelbett setzen, dass sie ca. 3,5–4 cm aus der Mauer hervorsteht. Die Oberfläche mit Sand bedecken, um sie beim weiteren Bau der Mauer vor Mörtelspritzern zu schützen.

Sims (Steinplatte) ragt ca. 3,5–4 cm nach vorne aus der Mauer heraus

Nischenrückwand nur einreihig – durch die Verwendung von halben Ziegeln wird hier der Flämische Verband lediglich vorgetäuscht

senkrechte Ausrichtung besonders auch an den Ecken überprüfen

3 Weitere acht Ziegellagen aufmauern, über dem hinteren Teil der Simsplatte allerdings nur einreihig, also einen Ziegel tief, so dass eine Nische entsteht. Die genaue Anordnung der Steine ist der Explosionsdarstellung zu entnehmen.

Kurvenform mittels Hilfsraster oder Stangenzirkel (Radius 60 cm) auf dem Sperrholz anzeichnen

Bogenlehre grob zusammenzimmern, Hauptsache, die Konturen stimmen

Sperrholzplatten exakt übereinander ausrichten, die Ränder müssen rundherum fluchten

4 Schalbogen aus Holz bauen, der die Steine, die den Segmentbogen bilden, während des Aufmauerns trägt (zu Bau und Verwendung eines Stangenzirkels siehe S. 46). Die Sperrholzplatten mit der Stichsäge zuschneiden und mit den Leisten verbinden – jeweils von oben durch das Sperrholz hindurch in die Stirnseiten der Leisten nageln.

Trockenübung Die Rollschicht (Steine hochkant auf der Läuferseite) erst einmal probehalber ohne Mörtel auf der Bogenlehre auslegen, um ein Gefühl für die richtige Fugenbreite zu bekommen. Erst dann vermörteln und dabei auf den Mittelpunkt des Kreisbogens ausrichten, den man sich mittig auf dem Sims denken muss.

5 Provisorisch den Schalbogen auf Ziegelsteinstapel setzen. Die einreihig aufgemauerte Nischenrückwand weiterbauen, allerdings mit zurechtgeschnittenen Ziegeln, um der Bogenform zu folgen. Dann die Ziegelschicht zu beiden Seiten des Bogens mauern, wobei die vier unmittelbar an den Bogen grenzenden Läufer an den Kopfseiten abzuschrägen sind (siehe Explosionsdarstellung), um den Bogen seitlich zu stützen. Nun die Steine des Bogens in gleichmäßigem Abstand auf die Bogenlehre setzen. Zwei weitere Ziegelschichten aufmauern, wobei die Steine oberhalb des Bogens wiederum zugeschnitten werden müssen. Noch eine komplette Ziegellage darüber und dann als krönenden Abschluss eine Rollschicht.

RUNDGEMAUERTER GARTENTEICH

Ein rundes Wasserbecken hat etwas Vollkommenes und wirkt zutiefst beglückend. Dieser gemauerte Teich ziert nahezu jede Art von Garten, als Bauvorhaben bietet er allerlei Neues und ist recht anspruchsvoll.

ZEITAUFWAND
zwei Tage für den Erdaushub plus vier bis fünf Tage für die Maurerarbeiten

Kleiner Tipp
Wer kleine Kinder im Haus hat, sollte auf ein ebenerdiges Wasserbecken dieser Größe verzichten.

WIR HABEN VERWENDET …

für einen 90 cm tiefen gemauerten Gartenteich mit ca. 1,5 m Innendurchmesser

… an Material:

- 285 Ziegelsteine (242 für die Teichwand und ca. 47 für Rand und Stangenzirkel (WDF 210 x 100 x 65 mm)
- Beton: 1 Teil (72 kg) Zement und 4 Teile (288 kg) Betonkies (Korngröße 0–16)
- Mörtel:1 Teil (50 kg) Zement und 3 Teile (150 kg) Sand
- 1 Tonne Mauersand
- 5 Nägel, 60 mm lang
- Holz als Abziehbrett: 1,90 m lang, 60 × 90 mm, und für dessen Griffe 2 Bretter 1,20 m lang, 30 × 90 mm
- Holz für den Stangenzirkel: 1 Latte ca. 1,25 m lang, 30 × 70 mm, als Zirkelarm, 1 Kantholz 20 cm lang, 75 × 75 mm, als Auflageblock, 1 Sperrholzplatte, 6 mm dick, mit ca. 50 cm Kantenlänge, als Unterlage für den Auflageblock und 1 Sperrholzbrett, 6 mm dick, 30 cm × 45 cm, für das U-förmige Endstück
- 1 Brett, 30 × 90 mm, ca. 1,80 m lang, als Richtlatte
- 37 m^2 Geotextil (Teichvlies)
- 1 quadratisches Stück Teichfolie (Butyl) mit 4,3 m Kantenlänge

… an Werkzeug:

- Bandmaß, Pflöcke, Schnur, Kreide oder Markierspray
- Spaten und Grabegabel
- Schubkarre und Eimer
- Holzsäge (z. B. Fuchsschwanz)
- Schaufel, Unterlage zum Mischen oder Betonmischer
- Schere
- Zimmermannshammer
- Stichsäge
- transportable Werkbank
- Maurer- und Fugenkelle
- Maurerhammer
- Wasserwaage
- Vorschlaghammer

DIE KRAFT DES KREISES

Der kreisrunde, in den Boden eingelassene, gemauerte Teich ist ein Klassiker der Gartenarchitektur. Weist Hof oder Garten eine Wasserfläche auf, wird diese oft als dominierend empfunden, egal, ob mit Fischen, Seerosen, Wasserspielen oder gar einem Springbrunnen bereichert.

Standorte, an denen mit Wasserleitungen, Abwasserrohren, Stromkabeln oder dergleichen zu rechnen ist, sollte man meiden. Generell immer vorsichtig graben und im Fall, dass man auf eine Leitung stößt, fachlichen Rat einholen (siehe auch S. 62). Soll ein Springbrunnen installiert werden, ist auf dem Beckengrund (über der Teichfolie) ein biegsames Kunststoff-Panzerrohr mit ca. 50 mm Durchmesser zu verlegen, das durch die Wand nach außen, dort zwischen Wand und Teichfolie nach oben und über den Rand der Folie geführt wird und weiter unter der Pflasterung verläuft.

Anordnung der untersten Ziegelreihe

Teichvlies und Teichfolie unter dem Betonfundament und zwischen Wand und Erdreich

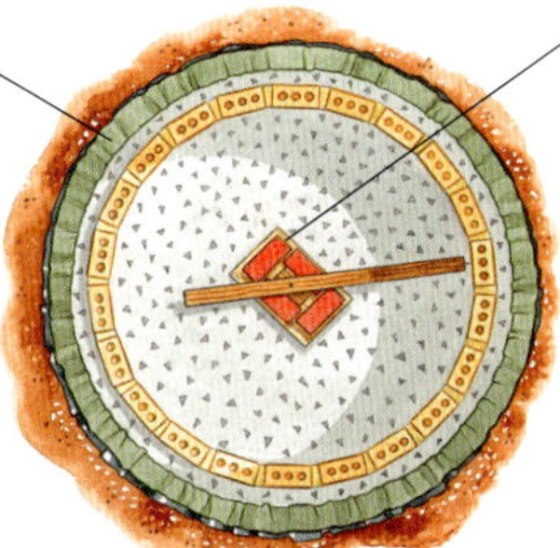

Stangenzirkel genau mittig im Kreis gelagert, hilft bei der exakt kreisrunden Anordnung der Steine (siehe auch S. 46)

Anordnung der Randsteine in der obersten Ziegelreihe

Randsteine in gleichmäßigem Abstand verlegt

transportable Werkbank als Auflage für den Stangenzirkel

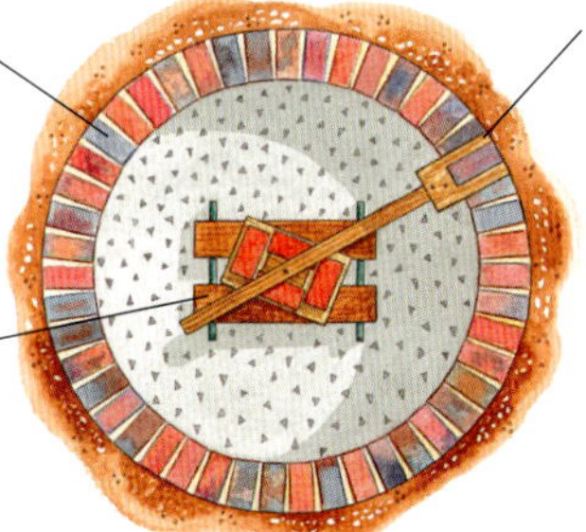

Aufbau des Stangenzirkels wie oben, nur nach außen um ein Stück Sperrholz erweitert, aus dem U-förmig der Umriss eines Ziegelsteins ausgesägt wurde

Schnitt durch Wasserbecken und Erdreich

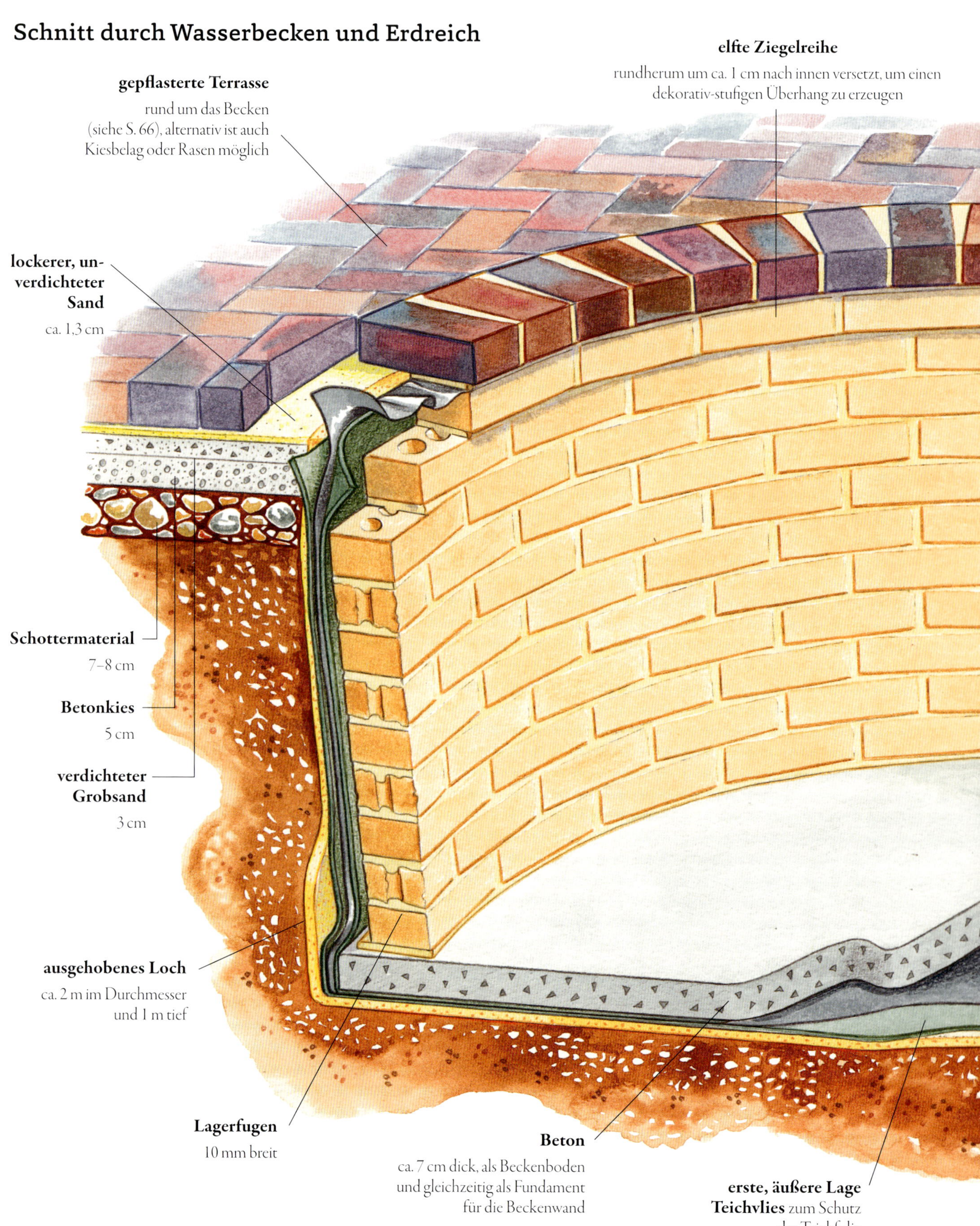

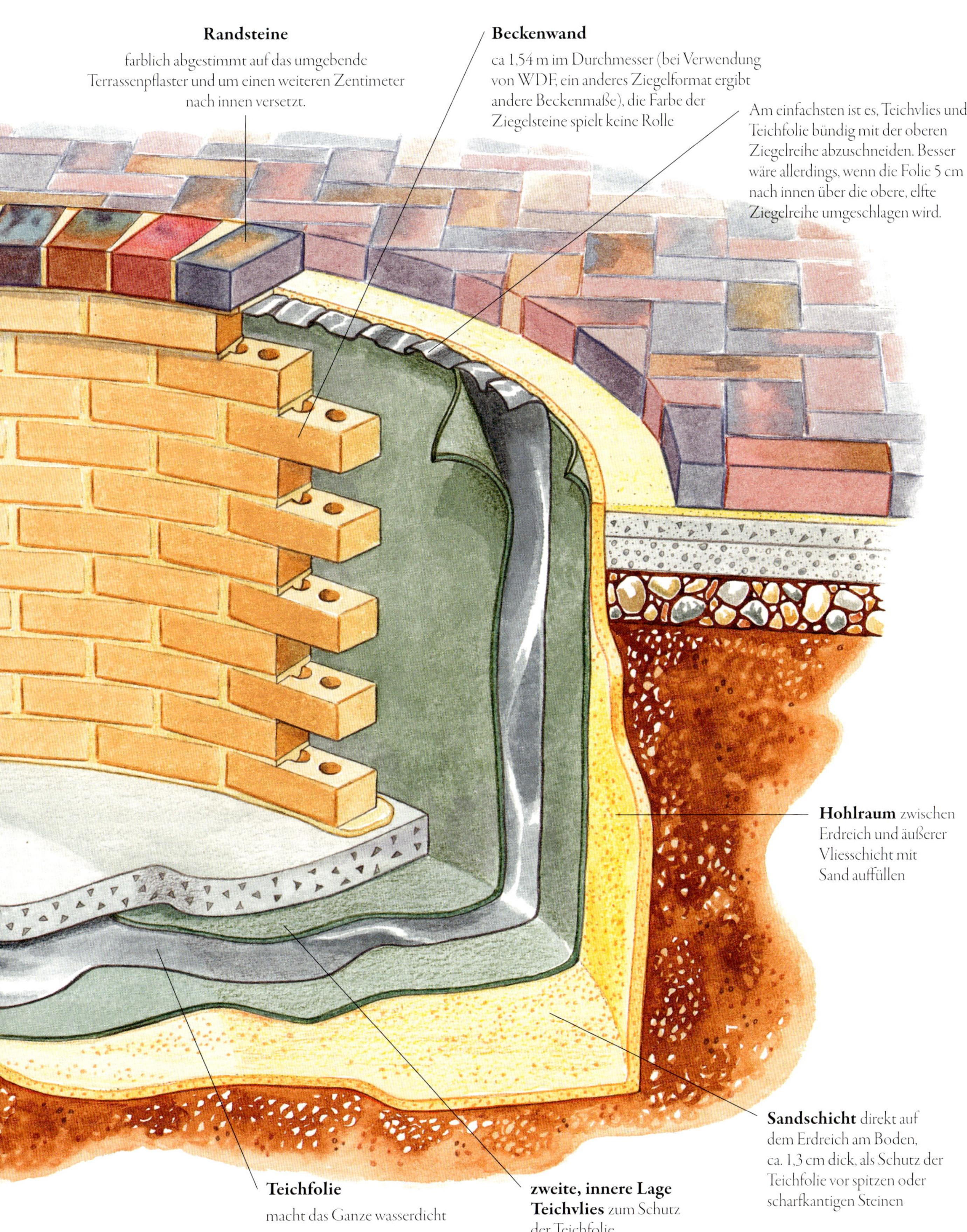
Randsteine
farblich abgestimmt auf das umgebende Terrassenpflaster und um einen weiteren Zentimeter nach innen versetzt.
Beckenwand
ca 1,54 m im Durchmesser (bei Verwendung von WDF, ein anderes Ziegelformat ergibt andere Beckenmaße), die Farbe der Ziegelsteine spielt keine Rolle
Am einfachsten ist es, Teichvlies und Teichfolie bündig mit der oberen Ziegelreihe abzuschneiden. Besser wäre allerdings, wenn die Folie 5 cm nach innen über die obere, elfte Ziegelreihe umgeschlagen wird.
Hohlraum zwischen Erdreich und äußerer Vliesschicht mit Sand auffüllen
Sandschicht direkt auf dem Erdreich am Boden, ca. 1,3 cm dick, als Schutz der Teichfolie vor spitzen oder scharfkantigen Steinen
Teichfolie
macht das Ganze wasserdicht
zweite, innere Lage Teichvlies zum Schutz der Teichfolie

RUNDGEMAUERTER GARTENTEICH SCHRITT FÜR SCHRITT

ausschachten langsam und mit Bedacht, damit die Grubenwände nicht einstürzen

falls Erde an den **Seitenwänden** abbröckelt, die Baugrube oben einfach etwas verbreitern

1 Einen Kreis, ca. 2 m im Durchmesser (sowie gegebenenfalls die zukünftige Terrassenfläche) markieren und 1 m tief ausschachten. Gerade an den Rändern wird das Erdreich etwas nachrutschen, das macht aber nichts, so lange der Durchmesser am Boden nicht unter 2 m misst. Bei hartem und steinigem Erdreich mit Spitz- oder Breithacke arbeiten.

Vlies über den oberen Rand nach außen schlagen und mit Steinen beschweren

Vlieskanten großzügig überlappen lassen

Boden von spitzen oder scharfkantigen Steinen befreien, bevor das Vlies ausgelegt wird

2 Scharfkantige Steine am Grubenboden entfernen und eine Schicht Sand ausbringen. Darüber das Teichvlies breiten, zunächst den Boden bedecken, dann auch die Seiten, dabei die Falten gleichmäßig verteilen. An den Stößen sollte es mindestens 10 cm überlappen. Oben am Rand ist es mindestens 30 cm nach außen umzuschlagen. Mit Steinen beschweren.

Teichfolie über den oberen Rand nach außen schlagen und mit Steinen beschweren, damit sie nicht zurück ins Loch rutscht

Folienfalten rundherum gleichmäßig verteilen

3 Eine Lage Teichfolie über das Vlies breiten – nicht auf die Idee kommen, Wasser ins Loch zu füllen, um die Folie besser bis zu den Rändern zu verteilen! So lange hin- und herschieben, bis die Falten gleichmäßig groß und gleichmäßig verteilt sind und die Folie eng an den Seitenwänden anliegt. Am oberen Rand auch die Folie mindestens 30 cm nach außen umschlagen und mit Steinen beschweren.

zweite Vliesschicht über die Folie breiten (wie in Schritt 2)

Abziehbrett mit zwei langen Griffen versehen und Beton auf dem Boden bis an den Rand verteilen, verdichten und waagerecht abziehen

Beton ca. 7 cm dick über der zweiten Vliesschicht ausbringen

4 Nun eine zweite Lage Vlies über die Folie breiten, am oberen Rand nach außen umschlagen und beschweren. Dann ca. 7 cm dick Beton auf dem Teichboden verteilen. Gerade das Verdichten und Abziehen macht sich am besten zu zweit: Auf beiden Seiten des Abziehbretts senkrechte Latten als Griff annageln und von oben her das Abziehbrett bedienen. Den Beton zwei Tage aushärten lassen.

horizontale Ausrichtung jeder einzelnen Ziegelreihe mit der Wasserwaage überprüfen

lotrechte Ausrichtung der Beckenwand mit der Wasserwaage überprüfen

5 Auf der Betonschicht am Grubenboden die kreisrunde Mauer aus zehn Läuferschichten aufmauern. Deren Innendurchmesser beträgt 1,54 m. Mit einem Stangenzirkel (siehe S. 46 und S. 130) bekommt man die Kreisform exakt hin – mehr dazu auch in Schritt 6. Die Fugenbreite beträgt 10 mm, überschüssiger Mörtel ist abzustreifen und die Fuge glattzustreichen, ehe der Mörtel trocknet. Immer wieder die waagerechte und senkrechte Ausrichtung überprüfen. Eine elfte Läuferschicht obenauf setzen, allerdings um ca. 1 cm nach innen versetzt, damit ein dekorativ abgestufter Rand entsteht.

Stangenzirkel verwenden, um beim Aufmauern eine exakte Kreisrundung hinzubekommen

Terrasse Soll rund um das Wasserbecken eine Terrasse gebaut werden, ist auch hier der Boden entsprechend auszuheben und ein Unterbau aus 7–8 cm Schottermaterial, 5 cm Betonkies, 3 cm verdichtetem Grob- und ca. 1,3 cm lockerem, unverdichteten Sand herzustellen.

6 Vlies und Folie über die Mauer nach innen ins Becken umschlagen. Den Hohlraum zwischen Mauer und Erdreich mit Sand auffüllen. Vlies und Folie bündig mit den Ziegeln abschneiden. Nun die zwölfte Reihe mit den Randsteinen als Binderschicht verlegen. Dazu den Stangenzirkel so anpassen, dass die Randsteine ungefähr einen weiteren Zentimeter nach innen versetzt zu liegen kommen. Die Sperrholz-Unterlage wird auf einer transportablen Werkbank gelagert und trägt den Auflageblock des Stangenzirkels und die Ziegelsteine, die ihn fixieren. Außen am Zirkelarm wird ein U-förmiges Stück Sperrholz befestigt, das die exakte Position jedes einzelnen Randsteins vorgibt. Zuletzt den Pflasterbelag rund um das Wasserbecken fertigstellen.

ZEITAUFWAND
fünf Tage
(sofern Fundament bereits vorhanden)

Kleiner Tipp
Einen Grill mit glühender Grillkohle nie unbeaufsichtigt lassen, besonders, wenn kleine Kinder oder Haustiere in der Nähe sind.

GARTENGRILL MIT KAMIN

Dieses imposante Gebilde schlägt, was die Optik und damit den dekorativen Wert angeht, aber auch hinsichtlich seiner praktischen Nutzbarkeit, einen Grill aus dem Baumarkt um Längen. Der Grillbereich selbst ist riesig, die Arbeitsflächen ebenso, zudem gibt es mehrere Ablagemöglichkeiten und einen Rauchabzug bzw. Kamin. Auch außerhalb der Grillsaison ist er ein Blickfang, da es sich anbietet, Blumentöpfe auf den waagerechten Flächen zu drapieren (immer mit Untersetzter, um die Oberflächen zu schonen).

WIR HABEN VERWENDET …

für einen Grill, ca. 1,50 m breit, ca. 1,60 m hoch und ca. 0,80 m tief

… an Material:

- ca. 380 Ziegelsteine (WDF 210 x 100 x 65 mm)
- 4 quadratische Betonplatten, 3 cm dick, 44 cm Kantenlänge
- ca. 30 Ziegelplatten (Biberschwanzziegel, Terrakottafliesen o. Ä.), 8 mm dick, grob 15 cm Kantenlänge bzw. im Verlauf der Arbeit passend zuzuschneiden
- ca. 6 Schieferstückchen, grob oval geformt, 8 mm dick und ca. 5 cm im Durchmesser
- Mörtel: 1 Teil (40 kg) Zement und 4 Teile (160 kg) Sand
- Holz für die Bogenlehre: 9 Leisten, 20 × 40 mm, 19 cm lang und 2 Sperrholzplatten, 6 mm dick, 23 cm ×45 cm
- 2 Bretter 20 × 40 mm, eins 46 cm lang für den Stangenzirkel und eins 1,70 m lang als Richtlatte
- 18 Nägel, 30 mm lang
- Kohlenschale und Grillrost: ca. 65–67 cm × 34–44 cm

… an Werkzeug:

- Bandmaß, Richtlatte und Kreide
- Spaten, Grabegabel und Schaufel
- Schubkarre und Eimer
- Vorschlaghammer
- Schaufel und Unterlage zum Mischen oder Betonmischer
- Stichsäge
- Maurer- und Fugenkelle
- Maurerhammer
- Breitmeißel und Fäustel
- Gummihammer
- Wasserwaage
- Holzsäge (z. B. Fuchsschwanz)
- Zimmermannshammer
- Fliesenschneider (zum passenden Zuschneiden der Ziegelplatten bzw. Dachziegel)

SCHLEMMEN AUSSER HAUS

Draußen unter freiem Himmel bei schönem Wetter Leckereien zuzubereiten, gemeinsam zu essen, der Geselligkeit zu frönen – was könnte verlockender sein?

Der Standort für den Grill will wohl überlegt sein, denn schließlich steht er, wenn er fertig ist, unverrückbar an seinem Platz. Am besten probiert man mit einem Wegwerfgrill aus, ob der gewählte Ort der richtige ist. Niedrig hängenden Zweigen oder Pflanzen an einer Pergola über dem Grillplatz könnte die Hitze zum Verhängnis werden, und zu weit vom Essplatz entfernt sollte er auch nicht stehen. Ein gemauerter Grill braucht ein solides Fundament, daher ist zu prüfen, wie der Unterbau einer bereits bestehenden Terrasse aussieht (siehe S. 35). Falls ein neues Fundament zu errichten ist, entnehmen Sie die entsprechenden Angaben den Abbildungen auf S. 138–139.

Perspektivische Vorderansicht des Grills

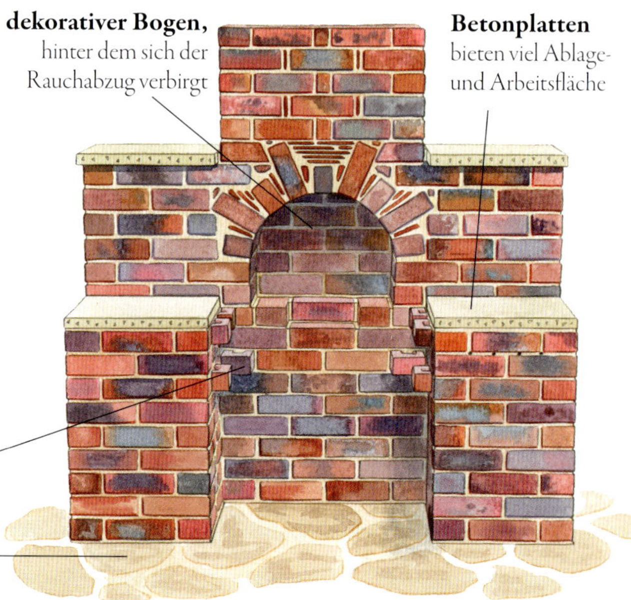

Anordnung der ersten Ziegelschicht

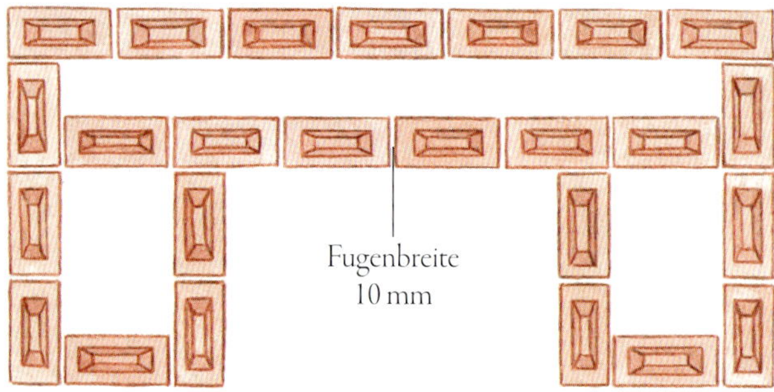

Anordnung der zweiten Ziegelschicht

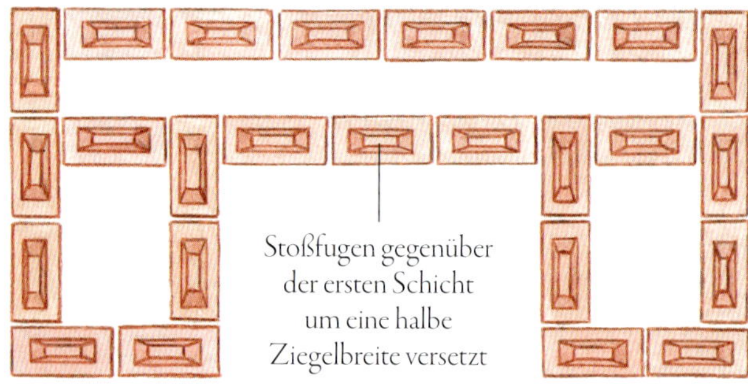

Anordnung der siebten Ziegelschicht

Anordnung der neunten Ziegelschicht

Aufbau der Bogenlehre – Aufrissdarstellung (eine Sperrholzplatte fehlt)

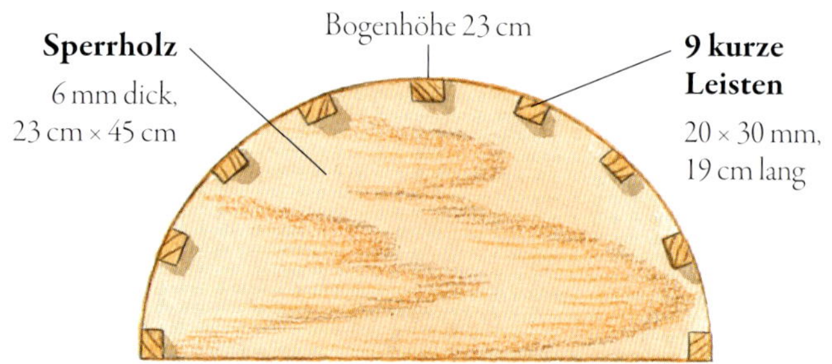

Aufbau der Bogenlehre – perspektivische Darstellung

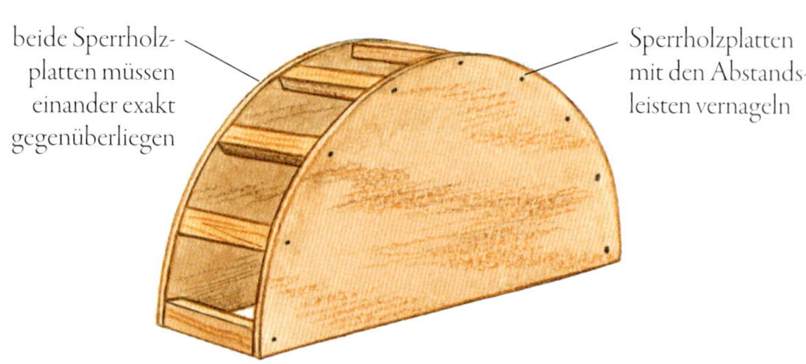

Seitenansicht des Grills und Schnitt durch den Unterbau

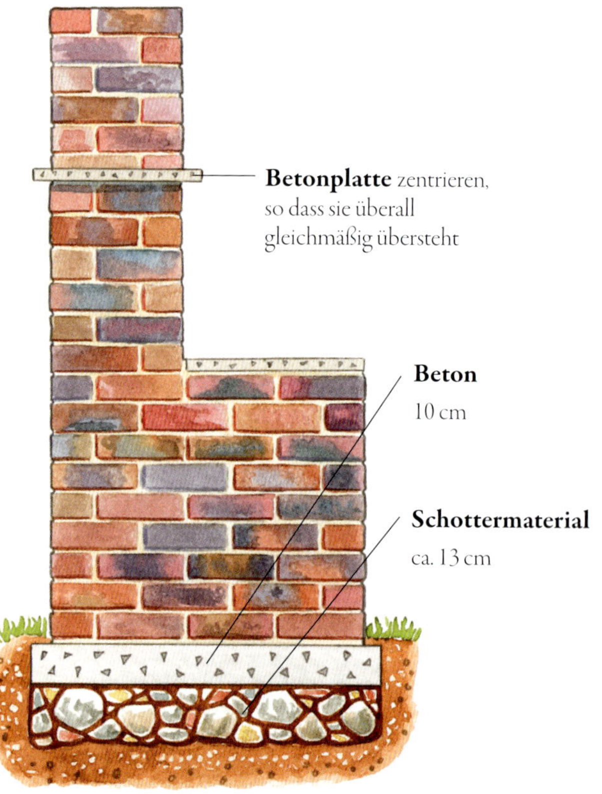

Explosionsdarstellung des gemauerten Grills und Schnitt durch den Unterbau

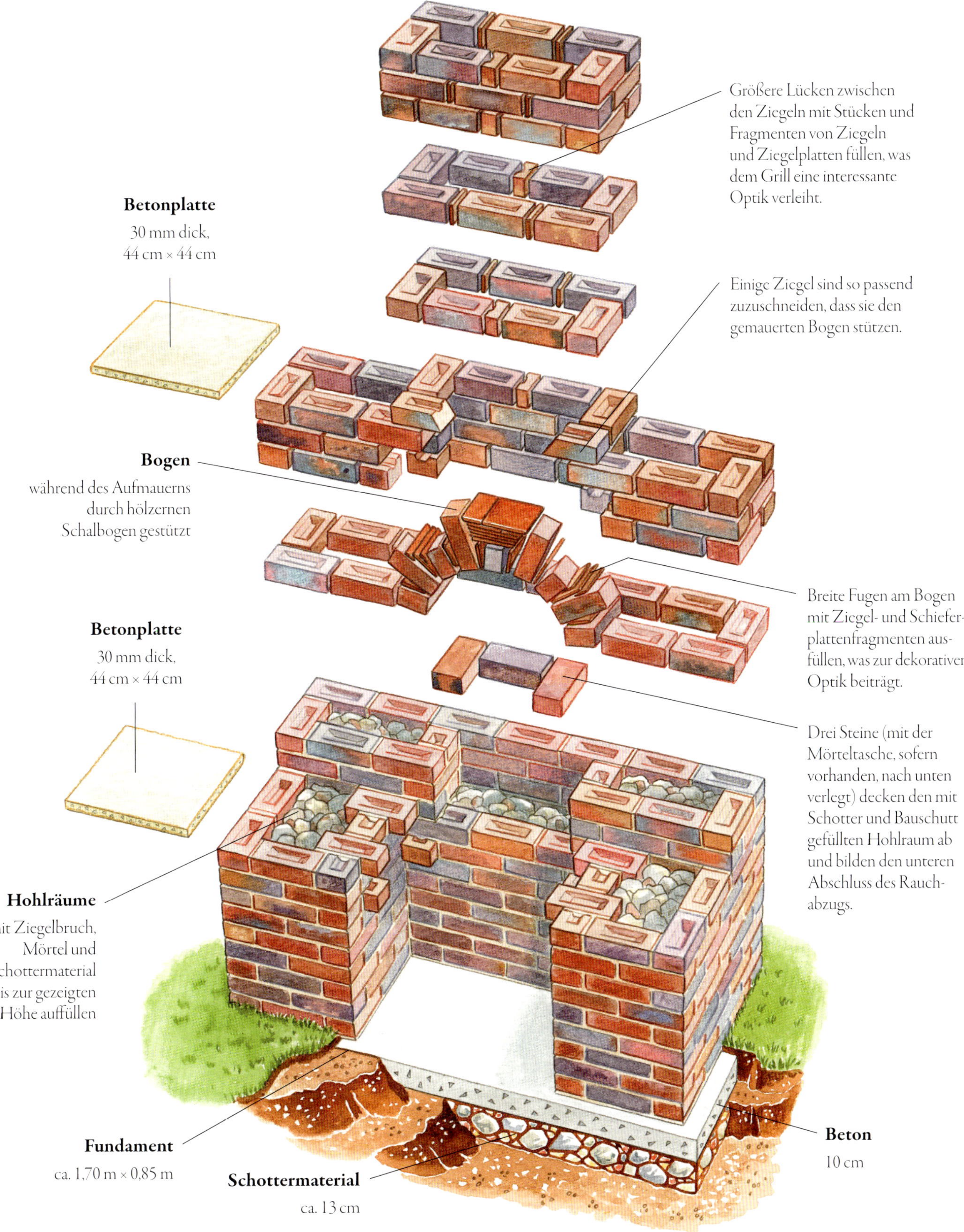

GARTENGRILL SCHRITT FÜR SCHRITT

erste Ziegelsteinlage
zunächst ohne Mörtel auslegen und ohne Eile akkurat ausrichten

Grundriss
mit Kreide markieren

1 Falls keine bestehende Terrasse mit entsprechend stabilem Fundament genutzt werden kann, ist ca. 23 cm tief auszuschachten und ein Unterbau aus 13 cm verdichtetem Schottermaterial und 10 cm Beton zu errichten. Soll der Grill auf einer Wiese stehen, kann man das Fundament 5 cm tiefer setzen und den Rand mit Erde bedecken, damit das Gras bis an den Grill heranwächst (siehe Explosionsdarstellung auf S. 139). Den Umriss des Grills mit Kreide markieren und die erste Ziegelschicht wie abgebildet probehalber ohne Mörtel auslegen. Kohlenschale und Grillrost dranhalten, um zu sehen, ob alles passt.

Mörtel
für die erste Lage relativ steif anmischen

Rechtwinkligkeit
überprüfen und gegebenenfalls nachjustieren

waagerechte Ausrichtung
und Fluchtgenauigkeit überprüfen

2 Bei bestehender Terrasse ist zu prüfen, ob sie nach allen Seiten waagerecht verläuft. Ein etwaiges geringes Gefälle lässt sich mit zusätzlichem Mörtel unter der ersten Ziegellage ausgleichen. Ist die Neigung der Terrasse zu groß (mehr als 1 cm über die Länge des Grills), ist zum Ausgleich eine mindestens 4 cm dicke Betonplatte zu gießen.

Ecken regelmäßig mit der Wasserwaage auf lotrechte Ausrichtung hin prüfen

3 Nun den Grill aufmauern, die Stoßfugen um einen halben Stein versetzt, und immer wieder die horizontale und vertikale Ausrichtung kontrollieren. Mit der Wasserwaage jeden Stein einzeln ausrichten. Die Fugen glattstreichen, ehe der Mörtel trocknet.

Bauschutt wie Ziegel- und Mörtelreste finden als Füllmaterial der Hohlräume Verwendung

Auflagensteine für Kohlenschale und Grillrost querstellen und zentrieren, so dass sie nach beiden Seiten gleich weit auskragen

waagerechte Ausrichtung der Auflagensteine zueinander überprüfen und nachjustieren, damit die Kohlenschale später nicht kippelt

4 Sechs Ziegellagen normal hochziehen und bei der siebten die Anordnung wie abgebildet ändern, so dass vier Steine aus der Mauer hervorstehen. So entsteht die Auflage für die Kohlenschale.

GARTENGRILL SCHRITT FÜR SCHRITT

Grillrost
zwei Ziegellagen über der Kohlenschale

waagerechte Ausrichtung
der Auflagensteine zueinander überprüfen und nachjustieren, damit der Grillrost später nicht kippelt

5 Den Grill weiter aufmauern, dabei in der neunten Ziegellage die Steine, die als Auflage für den Grillrost dienen sollen, querstellen. Überprüfen, ob Kohlenschale und Grillrost in die Nische passen, dann erst einmal beiseitestellen. Der eigentliche Grill ist nun fertig, jetzt geht es an den Rauchabzug. Dazu einen hölzernen Schalbogen bauen (wie das geht, wird beim Mauernischenprojekt auf S. 124–129 erklärt).

Bogensteine
im richtigen Winkel (auf den Kreismittelpunkt ausgerichtet) anordnen, mit Mörtel fixieren und zur Unterstützung Schieferstückchen in die Fugen stecken

Schalbogen
auf Ziegelsteine stellen

Bogenlehre
durch Unterfüttern mit kleinen Holz- oder Schieferstücken waagerecht ausrichten

6 Die Bogenlehre provisorisch auf Ziegelsteinstapel setzen und den Bogen aufmauern. Damit die Steine im richtigen Winkel stehen bleiben, werden sie nicht nur durch Mörtel, sondern auch von dazwischengesteckten Schieferstückchen gehalten. Den Bogen auf einer Seite beginnen, Mörtel jeweils auf den bereits bestehenden Stein auftragen und den nächsten Stein so ansetzen, dass er zum Kreismittelpunkt des Bogens zeigt. Falls er wegkippt, ein Schieferstück unterfüttern. Den Bogen bis kurz vor den Scheitelpunkt aufmauern, dann auf der anderen Seite beginnen. Zuletzt den Schlussstein, der gegebenenfalls passend zuzuschneiden ist, oben in die Mitte setzen.

korrespon-dierende Ziegelreihen
beiderseits des Bogens müssen auf gleicher Höhe liegen

Biberschwanz-fragmente,
Terrakottafliesen und dergleichen dekorativ integriert

7 Die ummauerten Hohlräume im unteren Bereich des Grills mit Ziegelbruch, Mörtelresten und Schottermaterial befüllen. Dann den Bereich rund um den Bogen weiter aufmauern. Ein paar Steine sind hier passgenau zuzuschneiden, auch kommen Dachziegelfragmente o. Ä. zum Einsatz, was der dekorativen Optik dient. Gleich beim Aufmauern die Fugen mit der Fugenkelle verfüllen und glattstreichen.

horizontale Ausrichtung
immer wieder mit der Wasserwaage nachprüfen

Betonplatten
beim waagerechten Ausrichten gegebenenfalls mit Mörtel und Schieferstückchen unterfüttern

8 Den Rauchabzug fertig aufmauern, dabei immer wieder die waagerechte und senkrechte Ausrichtung prüfen. Nun die Betonplatten, die als Ablage- und Arbeitsflächen dienen, waagerecht ausgerichtet auf ein 10 mm dickes Mörtelbett setzen. Restliche Mörtelfugen glätten. Bis zum ersten Grillfest unbedingt ein paar Tage warten, damit die Hitze der Glut den Mörtel nicht zu schnell austrocknet.

DEKORATIVE MAUER

Alte Backsteinmauern atmen Geschichte und haben so einen gewissen Charme. Im Laufe der Zeit wird umgebaut, werden Türen und Fenster zugemauert, Öffnungen verfüllt – mit dem, was gerade zur Hand ist. Denn genau darauf zielt dieses Projekt ab: ein dekoratives Flickwerk unterschiedlichster Strukturen zu schaffen. Wer möchte, kann ein kleines Kunstwerk errichten, das die eigene, persönliche Geschichte reflektiert, und Dinge verbauen, die für wichtige Stationen im Leben stehen: Hochzeit, eine besondere Reise oder die Geburt eines Kindes.

ZEITAUFWAND
sechs Tage – nicht mehr als vier Ziegelschichten pro Tag aufmauern!

Kleiner Tipp
Sind Kinder im Haus, die vielleicht auf die Mauer klettern, sorgt ein an der Rückseite integrierter Stützpfeiler für Sicherheit (siehe S. 50).

WIR HABEN VERWENDET ...
für eine ca. 1,70 m hohe und ca. 2,50 m lange Mauer

... an Material:
- 306 Ziegelsteine (WDF 210 x 100 x 65 mm)
- 1 Steinplatte, 60 mm dick, 24 cm × 43 cm
- 2 Feldsteine, grob 20 cm im Durchmesser
- 14 kleinere Steinplatten und Fragmente, 30 mm dick, maximal 20 cm × 30 cm
- 1 Mühlstein, ca. 40 cm im Durchmesser, 10 cm dick
- 9 Ziegelplatten (Biberschwanzfragmente o. Ä.), 10 mm dick, ca. 20 cm × 16 cm
- 40 große runde Kieselsteine (Rollsteine, Katzenköpfe), grob 5 cm im Durchmesser
- 150 mittlere Kieselsteine, grob 1,5 cm im Durchmesser
- 0,2 m³ Steinschutt zum Schottern
- Beton: 1 Teil (60 kg) Zement und 4 Teile (240 kg) Betonkies (Korngröße 0–16)
- Mörtel: 1 Teil (60 kg) Zement und 4 Teile (240 kg) Sand
- Holz für die Bogenlehre: 8 Leisten, 20 × 40 mm, 20 cm lang und 2 Sperrholzplatten, 6 mm dick, 39 × 45 mm
- 1 Latte, 20 × 40 mm, 55 cm lang, für den Stangenzirkel
- 16 Nägel, 40 mm lang

... an Werkzeug:
- Bandmaß, Pflöcke, Schnur, Richtlatte und Kreide
- Spaten und Grabegabel
- Schubkarre und Eimer
- Vorschlaghammer
- Schaufel, Unterlage zum Mischen oder Betonmischer
- Zimmermannshammer
- Maurer- und Fugenkelle
- Maurerhammer
- Breitmeißel und Fäustel
- Wasserwaage
- Holzsäge (z. B. Fuchsschwanz)
- Stichsäge
- Fliesenschneider (zum Zuschneiden der Ziegelplatten bzw. Dachziegel)

ROMANTIK PUR

Es ist immer wieder faszinierend, zwischen den Ruinen einer einstmals mächtigen Burg oder Abtei herumzustreifen und sich zu fragen, warum die im Nichts endenden Gewölbebögen, die ins Leere laufenden Treppen nicht längst in sich zusammengefallen sind. Malerisch ragen sie, wie durch Geisterhand gehalten, in den Himmel. Wäre es nicht toll, solch eine geheimnisvolle Ruine im eigenen Garten zu haben?

Unsere Mauer ist ca. 1,70 m hoch und braucht ein entsprechend tiefes Fundament (siehe S. 146). Wir haben keine Stützpfeiler angebaut, weil bei uns aufgrund der Lage nicht die Gefahr besteht, dass darauf herumgeklettert wird.

Sie können hier alles Mögliche verbauen, was Ihnen an steinernen Materialien in die Finger kommt, auch ist unsere Mauer mehr als Anregung zu verstehen, selbst kreativ zu werden. In diesem Sinne sind die Zeichnungen eher als Richtlinie aufzufassen und nicht unbedingt exakt nachzubilden. Auch behauene Steine, Fossilien oder Muscheln sehen in Mörtel gebettet toll aus.

Anordnung der ersten Ziegelschicht

Fundament
2,65 m lang, 30 cm breit

Ziegelmauer doppelreihig
im Flämischen Verband

Anordnung der zweiten Ziegelsteinschicht

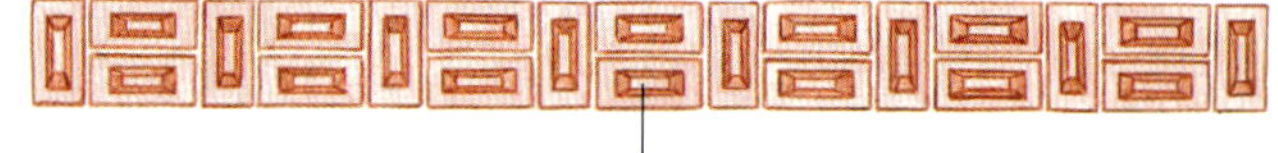

In der zweiten Reihe sind die Ziegel um eine Binder- bzw. Kopfbreite versetzt, damit die Stoßfugen mittig über den Steinen der darunterliegenden Schicht zu liegen kommen.

Aufbau der Bogenlehre – Aufrissdarstellung (eine Sperrholzplatte fehlt)

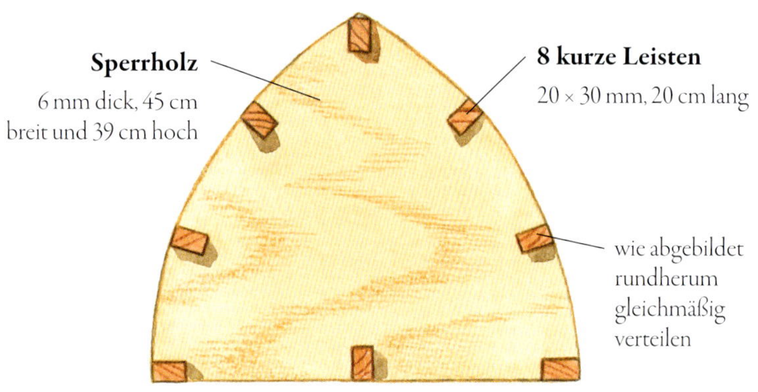

Sperrholz
6 mm dick, 45 cm breit und 39 cm hoch
8 kurze Leisten
20 × 30 mm, 20 cm lang
wie abgebildet rundherum gleichmäßig verteilen

Aufbau der Bogenlehre – perspektivische Darstellung

Abstandleisten und Sperrholzplatten mit 40 mm langen Nägeln verbinden

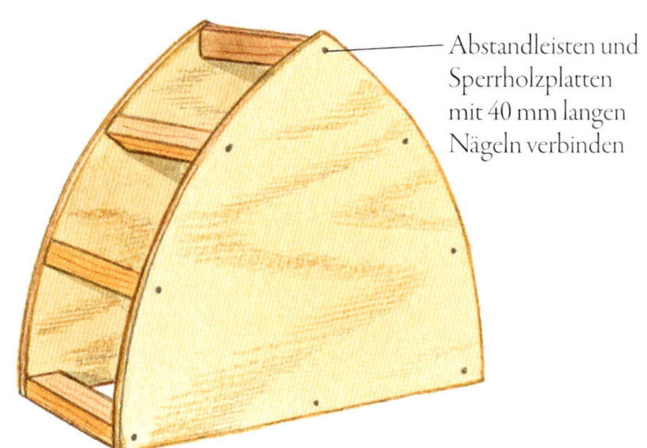

Perspektivische Darstellung mit Fixierung der Bogenlehre und Schnitt durch den Unterbau

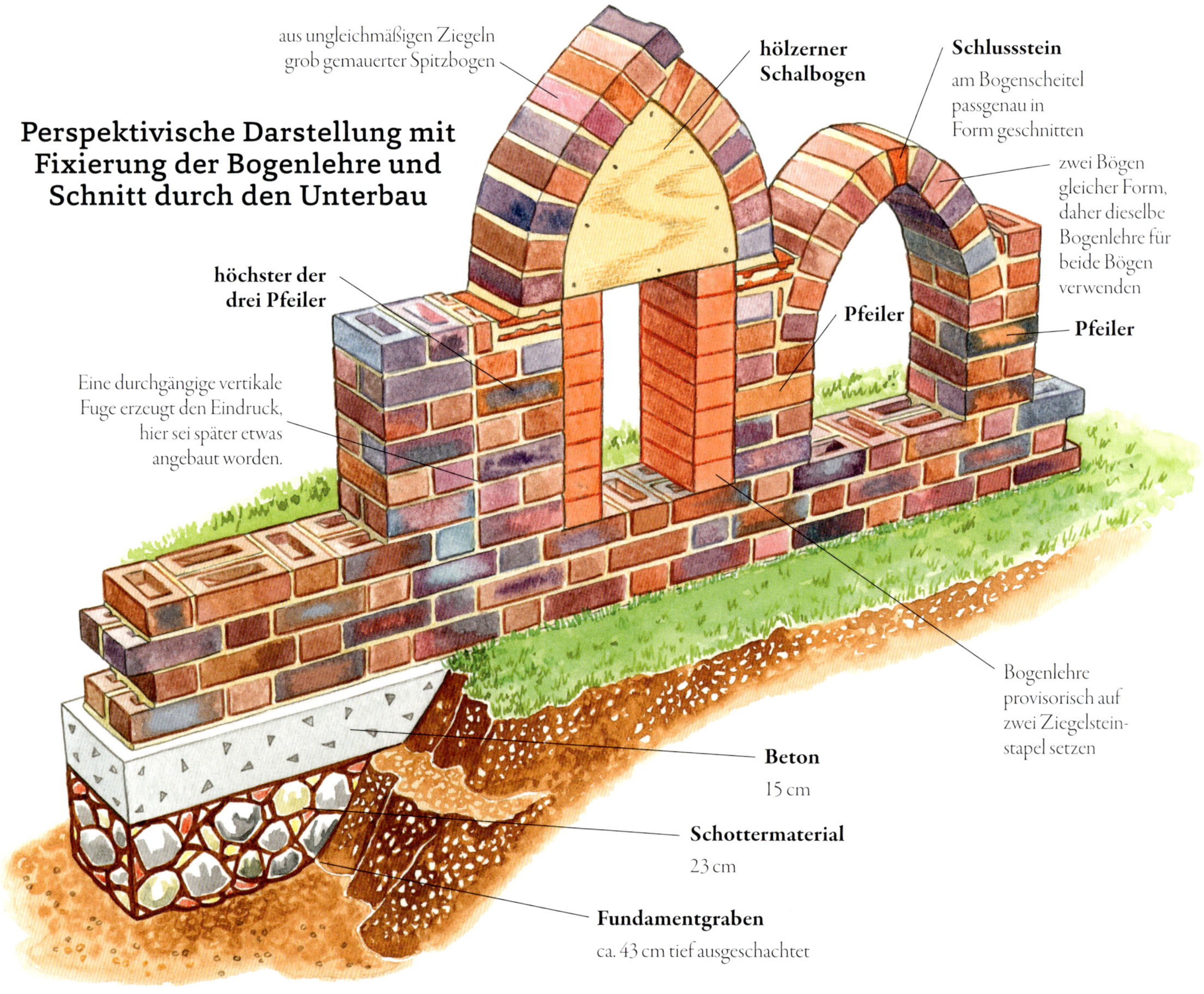

aus ungleichmäßigen Ziegeln grob gemauerter Spitzbogen
hölzerner Schalbogen
Schlussstein
am Bogenscheitel passgenau in Form geschnitten
zwei Bögen gleicher Form, daher dieselbe Bogenlehre für beide Bögen verwenden
höchster der drei Pfeiler
Pfeiler
Pfeiler
Eine durchgängige vertikale Fuge erzeugt den Eindruck, hier sei später etwas angebaut worden.
Bogenlehre provisorisch auf zwei Ziegelsteinstapel setzen
Beton
15 cm
Schottermaterial
23 cm
Fundamentgraben
ca. 43 cm tief ausgeschachtet

Explosionsdarstellung der Ziermauer

ZIERMAUER SCHRITT FÜR SCHRITT

horizontale Ausrichtung mit der Wasserwaage nachprüfen

Flämischer Verband bei den unteren drei Ziegelschichten

1 Für den Unterbau ca. 43 cm tief ausschachten, ca. 23 cm Schottermaterial verdichten und darüber 15 cm Beton ausbringen. Mit Kreide und Maurerschnur oder Richtlatte die Position und den Umriss der Mauer markieren. Drei Lagen Ziegel im dekorativen Flämischen Verband wie abgebildet aufmauern. Vertikale Stoßfugen müssen versetzt, alle Steine wie auch die Mauer selbst waage- wie lotrecht ausgerichtet sein. Die Mauer soll wirken, als stehe sie schon ewig und sei im Laufe der Jahre mehrfach instand gesetzt worden. Damit die Fugen alt und bröselig wirken, werden etwaige Lücken nicht extra verfüllt, sondern überschüssiger Mörtel einfach nur herausgekratzt.

Ausrichtung der Pfeiler mit der Wasserwaage nachprüfen

horizontale Ausrichtung auch dahingehend prüfen, ob die jeweils korrespondierenden Ziegelschichten der einzelnen Pfeiler auf gleicher Höhe liegen

Pfeiler aus zwei Steinen pro Schicht aufmauern, paarweise angeordnet und jeweils um 90 Grad verdreht bzw. versetzt

2 Zwei Pfeiler aus Ziegelsteinen wie nebenstehend abgebildet aufmauern, ebenso einen dritten, höheren Pfeiler (siehe perspektivische Darstellung auf S. 146). Nicht vergessen, je Schicht die beiden Ziegel paarweise um 90 Grad zu drehen, damit alle Stoßfugen versetzt sind. Die horizontale Ausrichtung mit der Wasserwaage nachprüfen.

Bogenlehre
entsprechend der Darstellung auf S. 146 zusammenbauen

3 Einen hölzernen Schalbogen bauen, der beim Aufmauern des Bogens diesen stützt und trägt. Ein Stangenzirkel (siehe S. 46) macht es einfach, die beiden Bögen mit Radius 45 cm, aus denen sich die Spitzbogenform zusammensetzt, aufs Sperrholz zu übertragen. Mit einer Stichsäge aussägen und alles wie beim Mauernischenprojekt auf S. 124–129 zusammennageln.

Schlussstein
für den Scheitel des Spitzbogens passend zuschneiden

Rollschicht
(auf der Läuferseite verlegte Ziegel) auf die Bogenlehre setzen

Schalbogen
provisorisch auf Ziegelsteinstapel gesetzt

4 Den hölzernen Schalbogen zwischen den beiden niedrigen Pfeilern auf Ziegelstapel setzen und von beiden Seiten aus den Bogen mit gleichmäßigem Steinabstand nach oben hin aufmauern. Mit dem Stiel des Maurerhammers vorsichtig in die richtige Position klopfen. Zuletzt ganz oben den passend zugeschnittenen Schlussstein setzen.

ZIERMAUER SCHRITT FÜR SCHRITT

Flämischen Verband oberhalb des Bogens weiterführen

charakteristische Details aus Ziegel- und Steinplatten dem Bogen folgend abgetreppt einarbeiten

5 Rund um den Bogen Ziegelsteine, Steinplatten, Fragmente von Dachziegeln oder Terrakottaplatten integrieren – entweder wie dargestellt, oder nach eigenem Gusto. Beste Gelegenheit, um Material zu verarbeiten, das bei anderen Projekten übriggeblieben ist. Wenn der Mörtel ausgehärtet ist, die Bogenlehre herausnehmen und zum Aufmauern des zweiten (höheren) Bogens verwenden. Die niedrigere Nische mit Ziegel-, Kiesel- und Natursteinen verfüllen. Die Rückseite der höheren Nische einreihig mit Ziegeln aufmauern.

Scheitel des Spitzbogens aus passend zugeschnittenen Steinen

Nische mit Fundstücken verzieren

Mühlstein in die Nische setzen und den Raum rundherum mit Mörtel ausfüllen und mit Kieselsteinen bestücken

6 Rückseite und Boden der höheren Nische mit Mörtel bestreichen und den Mühlstein hineinsetzen. Die Zwischenräume mit Mörtel ausfüllen und mit großen runden Kiesel-, Roll und Katzenkopfsteinen bestücken – oder je nach Geschmack und Verfügbarkeit mit interessanten Funden, Bruchstücken von alten Gemäuern oder Steingutscherben.

Rollschicht (hochkant auf den Läuferseiten vermauerte Ziegel) als Mauerkrone

7 Die Ziegelreihen oberhalb der Bögen wie in der Explosionsdarstellung abgebildet aufmauern. Den dekorativen Streifen wie folgt gestalten: Abwechselnd ganze und halbierte Ziegelsteine als Binderschicht verlegen, die halben dabei ein ganzes Stück zurücksetzen. Eine Rollschicht bildet die Mauerkrone.

Hinweis

Mauerwerk wirkt alt und verwittert, wenn man die Fugen gut auskratzt und zudem noch einmal mit einer Drahtbürste über den verbliebenen Fugenmörtel geht, ehe er vollständig aushärtet.

ZEITAUFWAND
fünf Tage (ein Tag mehr, falls noch ein Fundament gebaut werden muss)

Kleiner Tipp
Kleine Kinder nicht unbeaufsichtigt in der Nähe von Wasserbecken spielen lassen.

WANDBRUNNEN MIT WASSERSPEIER

Mystischer Charme umweht einen Brunnen, der die Terrasse, den Innenhof oder eine ruhige Gartenecke mit seinem beruhigenden Plätschern verzaubert. Unaufhörlich rinnt Wasser aus dem Mund des geheimnisvollen Naturgeists, der aus dem Mauerbogen hervorschaut, springt über ein paar Fliesen, die aus der Wand ragen, und landet glucksend im Wasserbecken. Wer sich gerne am Anblick und am Geräusch fallenden Wassers erfreut, findet in diesem Projekt eine lohnende Herausforderung.

WIR HABEN VERWENDET …

für einen Wandbrunnen mit Wasserspeier, knapp 1,50 m hoch, knapp 1 m breit und knapp 0,8 m tief

… an Material:

- 205 Ziegelsteine (WDF 210 x 100 x 65 mm)
- 24 Ziegelplatten (Terrakottafliesen, zurechtgeschnittene Biberschwanzziegel o. Ä.), 10 mm dick, ca. 24 cm × 15 cm
- Fugenmörtel: 1 Teil (25 kg) Zement und 4 Teile (100 kg) Sand
- Putzmörtel: 1 Teil (25 kg) Zement und 4 Teile (100 kg) Grobsand
- Holz für die Bogenlehre: 10 Leisten, 20 × 40 mm, 19 cm lang und 2 Sperrholzplatten, 6 mm dick, 33,5 cm × 67 cm
- 1 Latte, 44 cm lang, 20 × 40 mm, für den Stangenzirkel
- 20 Nägel, 40 mm lang
- 4 m biegsames Panzer- oder Spiralrohr aus Kunststoff, ca. 50 mm im Durchmesser (zum Schutz von Stromkabel und Wasserschlauch)
- 2 m flexibler Wasserschlauch aus Kunststoff (muss an die Pumpe und durch das Kunststoffrohr passen)
- Kleine Tauchpumpe
- Speikopf, ca. 20–30 cm hoch
- 1 Liter Isolieranstrich

… an Werkzeug:

- Bandmaß, Richtlatte und Kreide
- Bügelsäge zum Ablängen des Kunststoffrohrs
- Schubkarre und Eimer
- Schaufel, Unterlage zum Mischen oder Betonmischer
- Zimmermannshammer
- Maurer- und Fugenkelle
- Maurerhammer
- Breitmeißel und Fäustel
- Wasserwaage
- Holzsäge (z. B. Fuchsschwanz)
- Stichsäge
- Fliesenschneider (zum Zuschneiden der Ziegelplatten bzw. Dachziegel)

QUELL TIEFSTER ENTSPANNUNG

Egal ob Springbrunnen, Wasserfall, Kaskadenrinne oder Wasserspeier – Wasserspiele machen jeden Garten, jeden Innenhof zu etwas Besonderem. Dem entspannenden Anblick fließenden Wassers, dem hypnotisierenden Plätschern fallender Tropfen vermag sich kaum jemand zu entziehen. Ein traditioneller Wasserspeier dieser Art passt besonders in formal-klassische Gärten, die sich an historischen Vorlagen orientieren, macht aber auch in einem modernen Garten, egal welcher Ausrichtung, eine gute Figur.

Der Vorteil unserer Variante ist, dass der Speikopf nicht an einer bereits bestehenden Wand befestigt wird – was ein aufwendiges Aufhacken derselben zwecks Verlegen von Wasser- und Stromleitung notwendig machen würde –, sondern dass das gesamte Bauwerk für sich alleine frei steht und neu errichtet wird. Sollte eine Mauer existieren, setzt man die gesamte Konstruktion einfach davor. Rohre und Kabel verschwinden in einem Hohlraum in der Rückwand.

Die äußere Form lässt sich leicht abwandeln – das Ganze lässt sich kleiner bauen, oben eckig abschließen oder stärker verzieren, mit verspielten Dekorfliesen beispielsweise. Der Speikopf ist natürlich eine Frage des Geschmacks, wir wollten einen starken Charakter, aber auch etwas Dezenteres ist möglich, ein Löwenkopf, etwas Selbstgetöpfertes oder etwas, das man aus Kupfer getrieben hat.

Schnitt durch Wandbrunnen und Unterbau

Vorderfront des Bogens verputzt und strukturiert (Strukturputz)

Speikopf
ca. 20–30 cm hoch. Farbe und Form sind unerheblich und je nach Geschmack zu wählen, ebenso die Größe, nur kleiner als 20 cm sollte der Kopf nicht sein, sonst wirkt er verloren.

Bogen mit Steinen ausgemauert, die auf 15 cm gekürzt wurden und zentriert, also vorn wie hinten um denselben Abstand nach innen eingerückt, auf die Mauer gesetzt wurden

Wasserschlauch
mit der Pumpe verbunden

Spritzplatte
(Dachziegel, Fliese o. Ä.) zur Dämpfung des Wasserstrahls

biegsames Kunststoff-Panzerrohr
50 mm im Durchmesser, zum Schutz des Wasserschlauchs

biegsames Kunststoff-Panzerrohr
zum Schutz des Stromkabels

sichere Verlegung eines Spiralrohrs
(für das Stromkabel) im Garten: einen 20 cm breiten und 30 cm tiefen Graben ausheben und das Rohr unter 20 cm Kies einbetten

Spiralrohr
aus Kunststoff ca. 30 cm tief verlegt

Stromkabel

die beiden Kunststoffrohre mit Stromkabel und Wasserschlauch unter der unteren Spritzplatte versteckt

Ziegelplatten-fries als Schmuckdetail

Wasserbecken

Mauerwerk innen verputzt

Pumpe

Ziegelstein

Unterbau und Fundament

Vorderansicht mit Schalbogen, Schnitt durch den Unterbau

Bogenlehre
(eine Sperrholz-platte fehlt)

Sperrholz
6 mm dick, 33,5 cm × 67 cm

10 kurze Leisten als Abstand-halter
19 cm lang, 20 × 30 mm

Spritzplatte
(Dachziegel, Fliese o. Ä.) zur Dämpfung des Wasser-strahls

Wasserbecken

Fundament

Explosionsdarstellung von Rückwand, Becken und Unterbau

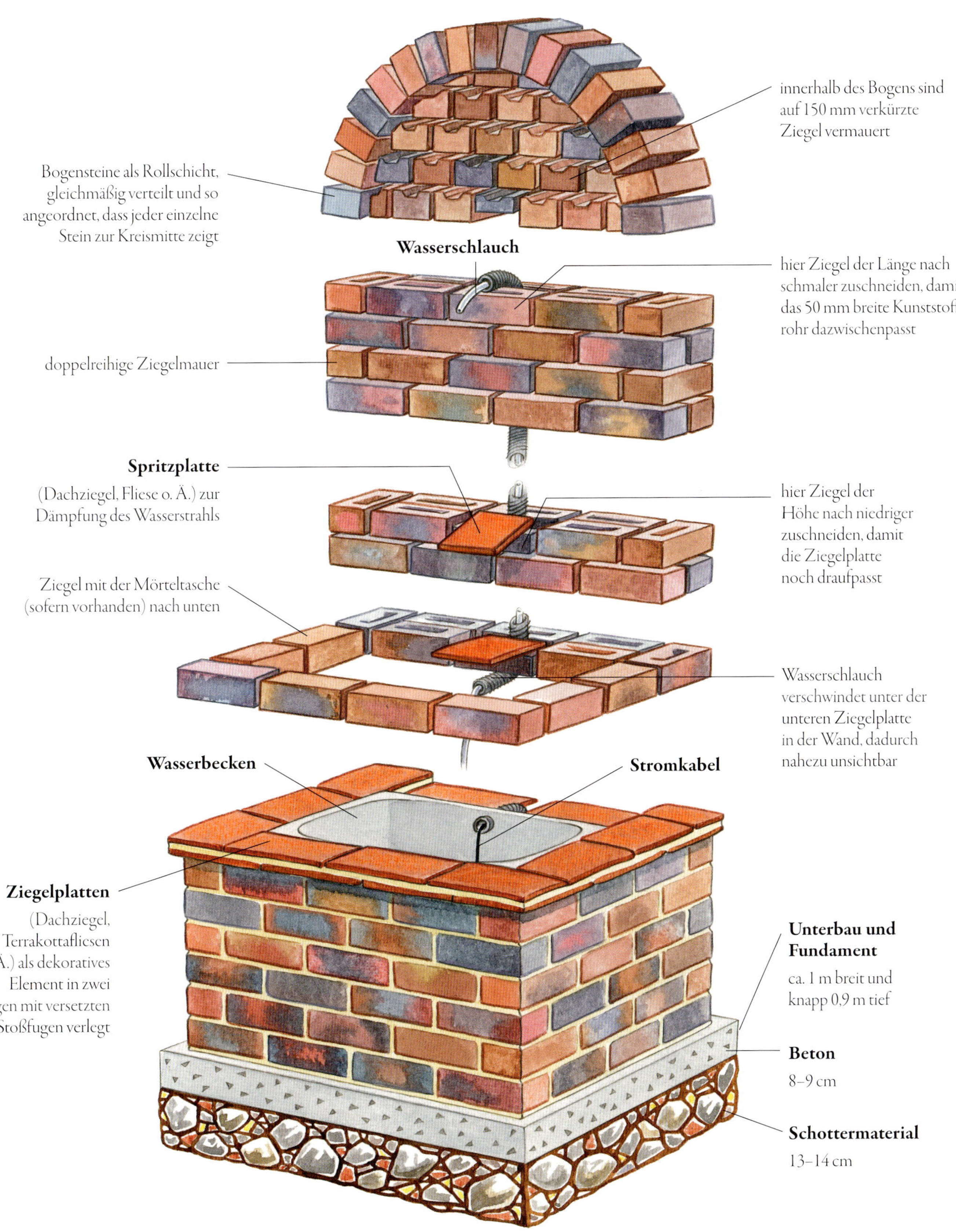

WANDBRUNNEN SCHRITT FÜR SCHRITT

Rückwand
doppelt so breit wie die restlichen Beckenwände

Läuferverband
für die Beckenwände

Leerrohre
(zwei flexible Kunststoffrohre) einbauen, in einem verläuft der Wasserschlauch, im anderen das Stromkabel

Beckenrand
aus zwei Reihen fugenversetzter Ziegelplatten (hier: zurechtgeschnittene flache Dachziegel) plus Läuferschicht obenauf

Aufmauern
und alle paar Ziegelreihen den überschüssigen Mörtel abkratzen und die Fugen glattstreichen

1 Den Brunnen auf geeignetem Fundament (siehe S. 35) oder einem Unterbau ohne Gefälle aus 13–14 cm verdichtetem Schottermaterial und 8–9 cm Beton errichten. Den Grundriss markieren. Nun das Becken aufmauern: eine einfache einreihige Kastenform, die Rückwand allerdings doppelreihig, um die Zuleitungen darin unterzubringen. Dazu die Steine rund um das Spiralrohr passend zuschneiden.

2 Sechs Ziegelreihen hochziehen. Dann zwei Lagen Ziegelplatten stoßfugenversetzt in je einem 1 cm dicken Mörtelbett verlegen, möglichst ohne die Platten weiter zu zerteilen. Sollten die Platten leicht gewölbt sein (bei alten flachen Dachziegeln kann das der Fall sein), sind sie so zu verlegen, dass die gewölbten Flächen zueinanderzeigen. Das Leerrohr für den Wasserschlauch einpassen.

Spritzplatte
Je nachdem, in welchem Winkel und wie weit die Spritzplatten aus der Mauer ragen, verändert sich das Spritzbild, wird der Wasserstrahl mehr oder weniger abgelenkt bzw. abgedämpft. Man muss ein bisschen herumprobieren, ehe man die Platten fest vermörtelt. Dazu Wasser durchs Maul des Speikopfs gießen, die Position beider Platten so lange verändern, bis der gewünschte Effekt erzielt wird.

3 Auf die Ziegelplatten noch eine Läuferreihe setzen (mit den Mörteltaschen, sofern vorhanden, nach unten). Die Lagerfuge zwischen dieser Läuferreihe und den Ziegelplatten abgeschrägt ausformen. Eine Spritzplatte in die Rückwand einpassen. Weiter die Rückwand hochziehen, dazu auch hier rund um das Leerrohr die Ziegelsteine passend zuschneiden. Genaueres bitte den Skizzen auf S. 154 f. entnehmen.

Hinweis

Ein paar Steine rund um das Rohr müssen der Länge nach geteilt werden, bei den meisten genügt es allerdings, einfach eine Ecke mit dem Maurerhammer abzuschlagen.

Stangenzirkel zum Zeichnen der Halbkreise mit einem Radius von 33,5 cm verwenden

Bogenlehre aus Sperrholz oder sonstigem Restholz zusammenbauen

Bogen als Rollschicht (Ziegel auf der Läuferseite) aufmauern

Abstände zwischen den Bogensteinen mit kleinen Ziegelplattenfragmenten fixieren

Bogenlehre ausgerichtet und fixiert durch Holzkeile unter dem unteren Rand

4 Die Rückwand fertig aufmauern: Zunächst eine zweite Spritzplatte einpassen, später dann den Wasserschlauch durchs Kunststoffrohr fädeln und ein Stück herausstehen lassen. Einen hölzernen Schalbogen bauen, dazu mit einem Stangenzirkel (siehe S. 46) Halbkreise mit einem Radius von 33,5 cm auf Sperrholz zeichnen, mit der Stichsäge aussägen und wie beim Mauernischenprojekt auf S. 124–129 mit kurzen Abstandleisten miteinander verbinden.

5 Den Schalbogen mit Hilfe kleiner Holzkeile ausrichten und die Ziegel der Rollschicht zunächst zu Probe ohne Mörtel hochkant auf die Läuferseite stellen. Wenn alles passt, jeden Stein einzeln dick vermörteln, um die keilförmigen Fugen gut auszufüllen. Ausrichten und mit dem Hammerstiel in Position klopfen. Wenn der Mörtel getrocknet ist, die Holzkeile herausziehen, wodurch sich die Bogenlehre löst und herausgenommen werden kann.

Strukturputz Verputzen der zurückgesetzten Bogenausmauerung und zur Strukturierung leicht unregelmäßige Radialrillen mit einem Stück Holz hineindrücken

Den **Wasserschlauch** während der Putzarbeiten nicht nach innen ins Kunststoffrohr rutschen lassen

6 Den Bereich innerhalb des Bogens mit verkürzten Ziegelsteinen im Binderverband aufmauern. Der Wasserschlauch soll an der Unterkante des Bogens aus der Wand herausschauen. Die zurückgesetzte Bogenfüllung verputzen und mit einem Stück Holz strukturieren. Die Innenseite des Wasserbeckens ebenfalls verputzen, dazu Putz mit Grobsand anrühren. Wenn der Putz im Beckeninnern ausgehärtet ist, mit einem speziellen wasserdichten Isolieranstrich überstreichen. Nach ein paar Tagen den Speikopf anbringen und die Pumpe installieren.

REGISTER

R

S

T

V

W

Z